[爱尔兰] 约翰·班维尔 著

JOHN
BANVILLE
THE EVIDENCE

证词

陆剑译 作家出版社

《框架三部曲》之一

第一部

法官大人，如果你允许我自己向陪审团陈词的话，以下就是我想说的内容。我像个珍稀动物般被关在笼子里。他们原本以为我这个种族早已灭绝，而我恰恰是唯一的幸存者。也许，他们还应该放人进来参观我这个危险的吃人恶魔。我在笼子里来回徘徊，绿荧荧的骇人目光向外扫射，给他们提供夜晚躺在床上幻想的素材。从我被抓的那天起，他们就蜂拥前来一睹我的庐山真面，我确信，为了享受这种特权他们甚至愿意付出高价。他们挥舞着拳头，冲我龇牙咧嘴，大声辱骂。这些看上去都有点不真实，令人心惊胆战却又带点喜剧色彩。他们就站在那里，带着电影中那些临时演员在街上随意转悠的眼神。穿着廉价雨衣的年轻小伙子，提着购物袋的妇女，还有一两个头发斑白的家伙只是静静地站在那里，沉默不语，用饥渴、艳羡的眼神紧紧盯着我。突然，看守抛进来一块毯子将我从头到脚严严实实裹了起来，又把我随意塞进了警车。我笑出声来。现实又像以往一样，用这些陈腐的事实填满我所有最糟糕的幻想，不能不让人感到可笑。

说到那块毯子，不知他们是特地从哪里搞来的，还是总在警车的行李箱里藏着那么一块，以备不时之需？这个问题现在困扰着我，让我念念不忘。我已经将自己塑造成了多么有趣的人物啊！像木乃伊一样坐在后座上一动不动，只能瞥见隐隐约约的身形轮廓。车子行驶在阳光照耀下潮湿的街道上，响起了傲慢轻蔑的警笛声。

然后是这座监狱。我该怎么说哪，它给我的第一印象就是嘈杂。可怕的喧闹声，叫喊声，口哨声，轻蔑的叫嚣声，嘲笑声，此起彼伏的争论声和呜咽声。然而，有的时候却又那样鸦雀无声，仿佛巨大的恐怖悲伤突然袭来，迫使我们个个噤若寒蝉。走廊里的空气仿佛都是静止的，像一潭死水。空气中有一种若有若无的活性炭的气味，让人联想起停尸间的味道。开始，我以为这种味道是从我身上散发出来的，也不是没有可能，谁知道呢？白天，监狱里的光线非常奇怪，包括外面操场上的光线也很奇怪。在照射到我们之前，它似乎就发生了什么质变，带上了一种柠檬味的酸气，以两种方式集中投射进来：要么是微弱得几乎看不见，要么是强烈得似乎要把眼睛灼伤。监狱中的黑夜却多姿多面高深莫测，这里我不欲提及。

接下来就是我的牢房了。我的牢房到底是怎样的呢？我也不知道为什么要说这个？

还押犯可以分配到最好的牢房。似乎理应如此——毕竟，我也有可能被证明是清白无罪的。噢，我不能笑，笑的时候我的心脏感到异常疼痛，仿佛被什么东西碾过一样疼。我想这就是我犯下的罪行，是罪行在压迫我的心。我有一张桌子，一把椅子——他们所谓的便椅，甚至还有台电视机，即便我几乎不看什么电视。我的案子还在审理中，电视上也没有与我有关的报道。牢房的卫生设施还有待改善，常常有污水溢出。都是些最简单的东西，你还能指望什么？也许我应该试试设法搞个供人玩弄的娈童，更确切地说是某个新来的监狱菜鸟——一个年轻的家伙，聪明伶俐，温顺听话，轻易便能满足。我想那应该也不难。我还应该试试能不能搞到本字典。

我最不能忍受的就是这里任何地方都能闻到精液的味道，这味道充斥着每个角落。

我承认对这里的一切我都带有一种无可救药的浪漫幻想。我把自己想象成某个名人，被单独关押在监狱的某个特殊地方，和其他一般囚犯分开。在这儿，我接待成群结队庄重显赫的大人物，向他们滔滔不绝地讲述每天的重大事件，我的伟论给男士们留下了深刻的印象，我的风采吸引着那些女士们！多么敏锐的洞察力！他们惊叹道，多么宽宏大度的胸怀！我们原本听说你是残忍无情的冷血动物，但是现在，我们亲眼看到了你，亲耳听到了你，你和我们想象的是如此不同，为什么——？而我，就站在那儿，摆出优雅的姿势，侧过身迎向从隔离窗透进来的阳光，手指摆弄着散发香味的手帕，脸上露出淡淡的笑意，一副修行高僧的表情，像极了让·雅克扮演的那个涵养甚高的杀手！

不，不，不是那样，根本不是那样，当然也不是其他那些我们习以为常的俗套：大食堂发生暴动时，大批囚犯都往外逃窜，是不是和电视屏幕上演的很相似？训练场上那倒霉的密探被刀狠狠地刺死？同一时刻，宛如两个重量级拳击手的家伙，铁青着下巴，正在上演一场攻防好戏？群交节目到底什么时候开始？这里的实际情况其实就像电视上演的那样，或者说有过之而无不及。我们沉迷于肉体的满足。这里永远热得过分，就像置身于孵化器中，夜幕深沉的夜晚，有些时候却又突然感到寒流来袭，双脚被冻得冰凉，我们对此抱怨连连。食物当然也很重要，我们机械地接过盘子，盘子里永远是黏稠的糊状物，我们吸着鼻子，流着鼻涕，叹着气，就像参加美食评选大会的美食家。一份一份有序地传递着，吆喝声在四周像野火一样蔓延：嗨！她给了他一块巴腾堡蛋糕[1]！还是自己做的哪！真的，这一切就跟学校一样，混合着痛苦和安逸，让人有麻木的归属感，到处都是噪声，灰色的空气中永远充溢着雄性荷尔蒙散发出的闷热而浑浊的臭气。

我又获知，当有政客在场的时候，一切都会变得不同。平时犯人们习惯于迈着正步，上上下下在走廊里来回晃荡，像疯狗一样用爱尔兰语大声咒骂对方，寻欢作乐。但是只要政客一来，他们个个绝食抗议或者想出些其他什么法子大肆折腾，结果就是被押回他们各自的牢房。生活又恢复了原样。

为什么我们有这么多抱怨呢？是不是因为他们说的那些放在我们茶水里用来压制性欲的东西？或者是因为毒品。亲爱的法官大人，我知道

---

[1] 巴腾堡蛋糕：德国著名的蛋糕品牌。

所有人，即使是原告方，都不喜欢告密者，但是我觉得我有义务告知整个法庭，这座监狱中的违法交易活动是如何猖獗，即便谁都知道这是严令禁止的。更确切地说，监狱的看守参与了这种交易，如果法庭能保证我的人身安全，我可以供出他们的名字和人数。兴奋剂，镇静剂，安定剂，海洛因，可卡因，只要你能想到的——当然，法官大人，对这些底层的东西您不会了解，我也是到了这里后才知道了这些玩意儿。你可以想象，沉溺其中的大部分都是年轻人。那些吸了毒的人一看就能辨别出，他们沿着过道摇摇晃晃地移动，仿佛得了梦游症，带着因为吸毒而恍惚、凝固的微笑，露出渴望、迷惘的神情。也有一些不会露出微笑的，仿佛他们从此以后再也不会微笑。他们已经完完全全迷失了自我，和那些处在死亡边缘的人没什么区别。他们只是站在那里，全神贯注地盯着什么东西，露出空洞麻木的神情，就像受伤的动物般远远看着我们的表情，仿佛对他们来说我们仅仅只是幽灵，他们的痛苦和我们无关，全然发生在另一世界。

这也不仅仅是毒品的后果。我们身上某个重要东西已经不存在了，某个重要的组成部分已经从我们的身体中被剥离出去。我们已经不是真正意义上的人。那些年老的囚犯，早年犯下了重罪，但是现在，却像刚刚继承了大笔遗产的寡妇那样，大摇大摆神气活现地在这个地方四处走动，露出苍白、柔软的鸡胸，脸上是志得意满的笑容。他们为图书馆的书而争论不休，有些人甚至织起了毛衣。年轻的囚犯也有他们的爱好，在娱乐室里他们悄悄地向我走来，他们牛犊般纯真的眼神中洋溢着微笑，羞怯地向我展示他们的手工制品。如果我不得不装出多么欣赏一艘瓶中船[1]中还嵌套着另一艘船的时候，我还得装模作样地惊叫出声表达自己的赞叹之情！这些吸毒犯，强奸犯，弑婴犯，他们是如此忧郁而脆弱。如果我将胸口贴近窗口的栅栏，向下凝视，透过电线和墙壁的间隙，可以斜向窥见一片长满短硬矮草的狭长空地和一棵树，当我想

---

[1] 瓶中船：一种玻璃装饰品，玻璃瓶子中放着一艘船。质量上乘的瓶中船制作工艺极为精细：船模都是严格按照真船的比例制作的，首先要做好一艘成型的船模，然后再把它拆开，通过很小的瓶口放进瓶腹，最后重新安装固定。

起这些囚犯时，我常常将那片空地和那棵树画下来，我也不知道为什么要这么做。

　　请站起来，把手放在这里，清楚地说出你的名字。弗雷迪里克·查尔斯·圣乔治·范德维尔德·蒙哥马利。你能发誓你所说的都是真话吗？不要试图逗我开心。我想立刻召唤我的第一个证人，我的妻子——达芙妮[1]。达芙妮，这就是她的名字。不知道为什么人们总觉得这个名字有那么点可笑。在看我来，这个名字和她那种潮湿、幽暗、朦胧的美十分相称。我远远地注视着她，我的桂冠情人，优雅地伫立在一片阳光照耀下的林间沼泽地中，眉头轻蹙，一脸焦虑，遥望远方。在她身后，那个扮成半人半羊状的阿波罗神[2]，手里紧握芦苇做成的笛子，情绪激昂锲而不舍地紧紧追随着她，盲目执著地爱恋着她。开始我就是被达芙妮身上那种心不在焉和淡淡游离的不满神情所吸引。她并不十分美丽，也无慈悲心肠，但是，她适合我。也许，我一直期待着某个时刻的到来，那时我能得到某人的宽恕——任何人——最好这个人非我族类，这个人能更好地宽恕我说达芙妮没有慈悲心肠并不意味着她道德沦丧或贪婪成性。她身上的瑕疵绝不能和我灵魂上的缺口相提并论，精神上的惰性——是她最大的缺陷，她根本不愿费神做任何事，即便那件事是如何迫切棘手，必须立刻得到解决，她依然挂着那副疲倦厌恶的表情，丝毫不予理会。她完全忽视了我们的儿子——并不是不喜欢儿子，而是对儿子的需求漠不关心。我常常会注意到她坐在椅子上，用一种陌生疏远的眼神看着我们的儿子，仿佛在极力回想关于这个男孩的点点滴滴：他是谁？他叫什么名字？他怎么会来到这里？儿子就在她脚边的地板上滚来滚去，邋里邋遢。"达芙妮！看在上帝的分上！"我忍不住嘟哝起来。这时，她往往会转过头来看着我，用同样空洞、茫然、恍惚的眼神看

---

[1] 达芙妮：希腊神话中的女神，为了躲避太阳神的追求把自己变成了月桂树。
[2] 半人半羊状的阿波罗神：希腊神话中主管音乐、诗歌、青春的太阳神阿波罗。

着我。

我注意到自己情不自禁地用过去时来描述关于她的一切，现在看来这样做在某种意义上来说是正确的。现在，她也经常来监狱探望我。第一次来看我时，她问我这里感觉怎么样。天哪！这里的噪音，还有那些人！对于我的抱怨，她也仅仅是点了点头，露出苍白的微笑，漫不经心地打量起其他访客。你看，我们还是非常了解彼此的。

在南方炎热的气候下，她的这种懒散气息渐渐演变成沉溺于奢侈逸乐的倦怠。我还记得那间特别的房间，绿色的百叶窗，一张狭窄的床和一把梵高[1]画里的那种椅子，地中海的正午阳光照射在外面白色的街道上。伊比沙岛[2]？伊斯基亚岛[3]？或者是米克诺斯岛[4]？或者你也注意到了，先生，我们去的永远都是那些风景优美的小岛，这说明了什么，谁知道呢！达芙妮可以在耸肩的一刹那以迅雷不及掩耳的速度像变魔术般变出一大堆衣服，裙子，衬衫，短裤，所有这些看上去都仅仅是一块布料。达芙妮个高，不胖，有点分量，却不笨重，事实上，她的身材非常匀称。每次看到她那优美如雕塑的裸体，我都情不自禁地想抱着她亲吻爱抚，用手感觉那起伏有致的曲线，用心体会那如天鹅绒般冰凉光滑的触感。先生，把最后那句话划掉吧，它的寓意太过丰富，太让人浮想联翩。

在那间房间里，那些炙热的午后，那些疯狂的往事，上帝啊，现在想来我还禁不住浑身颤栗。我如饥似渴一遍遍亲吻爱抚着达芙妮的躯体，体味感受着它的重量和厚实，那散发着微光的肉体让我根本无法抗拒。达芙妮躺在我身边，眼神漫不经心地越过我，凝视着带有斑驳阴影的天花板，或者盯着透过百叶窗缝隙投射进来的阳光。直到最后我不知怎么碰触到了她那根敏感的神经，她才回过神来，柔媚地呻吟一声，迅

---

[1] 梵高(Vincent van Gogh, 1853–1890)：荷兰后期印象派大画家，是一位以其独树一帜的画风、荒诞不经的行为、令人悚然而惊的举止和对艺术的热烈追求闻名遐迩的传奇式人物。著名作品有《向日葵》等。

[2] 伊比沙岛：西班牙著名旅游胜地，位于地中海西部。

[3] 伊斯基亚岛：意大利著名旅游胜地，像美国的夏威夷般迷人。

[4] 米克诺斯岛：希腊著名旅游胜地。

速粘附到我身上，紧紧缠绕着我，唯恐从我身上掉下去似的。她的嘴唇亲吻着我的喉咙，指尖深深地嵌入我的背，像盲人一样无助摸索。她的眼睛总是睁得大大的，黯淡无助的眼神四处游离，温柔而脆弱，在我的身下退却着、畏缩着。我无法用言语形容这对我造成了多大的诱惑，她那挣扎痛苦、不设防的眼神和平时的她如此不同。当我俩这样躺在床上缠绵时，我曾试过让她戴上眼镜，这样她看上去会更加无助茫然和不知所措——但是任凭我要了多少小花招，从来没有成功过。当然，我不能直截了当要求她这么做。激情过后，达芙妮会站起身，一手拢着头发，慢慢踱向浴室，好像什么都没发生过那样，将沮丧的我一个人留在汗湿的床上，浑身痉挛，气喘吁吁，仿佛心脏病发作一样——从某种角度来说，我确实得了心脏病。

我相信，她从来都不知道她对我的影响有多深。我必须得小心翼翼提高警惕不让她知晓这一点。不要误会，我不是怕说出来就会让自己受制于她的力量影响，任由她将我玩弄于股掌之间或其他什么可悲境地，仅仅只是因为这样一种认识在我俩之间是不恰当的。从一开始我俩似乎就默许了彼此之间有所保留和小小的计谋。是的，我们理解对方，但这并不意味着我们了解彼此，或者更确切地说，我们不愿意了解对方。我们彼此心底都有一些必要的小秘密，如果我们公开坦承了这些不能言说的东西，我们又怎能保持那种自然流露的风度和魅力呢？这种风度和魅力对我们彼此来说是如此重要的存在。

阳光在狭长的街道上投射下各种几何图形的阴影，在这样一个凉爽的下午起床，沿着小街悠闲踱步，慢慢溜达到码头。我喜欢达芙妮走在我前面，我在后面注视着她，薄薄的裙子下，她强壮的肩膀和丰满的臀部款款移动，仿佛无声而复杂的旋律。我也喜欢观察岛上的男人，当达芙妮走过时，他们不自觉地倾斜了他们的茴香酒和浑浊的咖啡，他们蜥蜴般的小眼睛斜斜地贪婪地随着达芙妮的身影而移动。就是那样，这些狗娘养的，尽情地意淫吧！

每个小岛的港口总有一个小酒吧，酒吧外面散落着几张桌子和几把塑料椅子，劣质的太阳伞上印着斯黛拉和保乐力加[1]的广告，黑黝黝的胖店主总是倚在过道上剔牙。店里总有那么些闲人：几个穿着漂白粗斜纹棉布衣裳的家伙，身材消瘦，凶相毕露；那些女人的皮肤被阳光晒得又硬又粗，眼神凌厉；那个胖胖的老家伙，鬓角斑白，戴了一顶游艇帽；当然还有一两个同性恋，戴着时髦的手镯，脚蹬花哨的拖鞋。他们和我们都是同一类人，他们是我们的朋友。我们不知道彼此的名字，只需称呼对方：老朋友，好伙计，船长或者亲爱的。我们喝着白兰地或乌佐酒[2]，或者其他任何岛上最便宜的饮料，我们大声谈论着其他人，其他酒吧的，其他小岛上的任何人；即使微笑时，我们也始终眯着眼睛，像毒蛇般警惕地打量着对方，不知道在观察防备什么，仿佛下一瞬间，面前猎物那柔软的侧腹就会突然不设防地出现在我们面前，我们能即刻将毒牙刺入。女士们先生们，你肯定见到过我们，在旅行社帮你们安排的旅行中，我们就是当地特色观光的一部分，你们在我们身旁经过，露出渴望的眼神，而我们对你们则视若无睹。

我和达芙妮在这群三教九流中占有完全的主导地位，同时又和他们保持着一定距离。我俩像被流放的国王和王后，日复一日等待着来自叛乱者控制下朝廷的消息，期待着让我们重返王宫的召唤。我注意到，大多数人对我们都有那么点敬畏。从他们的眼神中，我不时地发现一种忧虑、抚慰、驯服的眼神，有时又是一种鬼鬼祟祟、愤怒憎恨的眼神。这现象曾让我沉思良久，这对我来说非常重要。我们身上到底有什么让他们如此着迷？或者说，我们身上哪个方面让他们产生如此深刻的印象呢？我们身材高大，姿态优美，我是个英俊的男人，达芙妮是个漂亮的女人，不，这不能解释所有的一切。思考良久后，我得出以下结论：他们在我们身上发现了一种整体的和谐性，本质的真实性，而这正是他们身上所缺乏的，这也是他们意识到生命不完整的原因。在他们的眼里，我们就宛如英雄，对，就是那样。

---

[1] 斯黛拉：一种清啤的牌子。保乐力加：国际烈酒和葡萄酒市场上的三大酒类集团之一。
[2] 乌佐酒：希腊最有名的酒，这种酒纯净透明，但酒精浓度很高，不适合单独饮用。

当然，我觉得这些都很可笑。不，等一下，我在这里发了誓，必须说真话。好吧，事实上，我挺喜欢那样的生活。舒适惬意地躺在阳光下，身旁是我那妖娆美丽、名誉不佳的妻子，默默地接受那些草民对我们的顶礼膜拜。我的嘴边噙着淡淡深思的微笑，平静宽容地注视着他们，心底涌起一丝轻蔑之情。我很好地控制了这种情绪，只有对那些傻子似的人物才会有一点流露。他们像小丑一样出现在我们面前，戴着帽子，佩着铃铛，蹦来跳去，放肆大笑，表演着他们那千篇一律的可悲戏法。我注视着他们的眼睛，在他们的眼睛里看到的自己是如此高贵，那一刻，我能暂时忘了我是谁。其实，和他们一样，我也只是个低贱下等浑身颤抖的生物，孤独恐惧，被负债压得奄奄一息，心里充满炙热渴望和自我厌恶。

那也正是为何我会落入骗子的陷阱：我纵容自己沉溺于这样一种麻痹状态，以为自己是神圣不可侵犯的。我没有为自己的行为寻求更好的出路，只是找出种种借口和理由来设法作出合理的解释。从这个岛迁移到另一个岛的生活，助长了我这种幻觉。温暖的阳光，咸涩的空气，使一切都变得无足轻重，渐渐地它们也就失去了本来的分量。我天生对危险的直觉，那来自于祖先的直觉，那曾在北方森林里旋紧的发条突然松开了。在这样的碧海蓝天、海风轻拂的美景下，还会有什么危险、邪恶的事情发生呢？但是，这种事情在任何地方都会发生，我们永远不知道谁是坏人。那个美国人，和其他人没什么两样。实际上，他说不定还没有我邪恶呢——这里的"我"纯粹是想象中那个自己，当然，这也仅仅是在我知道自己还能犯下那样的罪行前的美妙幻想。

我称他是美国人是因为我忘了他的名字，我并不确定他一定是美国人。他说话时带着从电影里学来的浓重鼻音，打量人时眯起的眼睛和谈话的方式让我联想起某个电影明星。我并没有把他当回事，但我确信，我给他留下了非常不错的印象。我特别擅长模仿——这常常让人们出乎意料地开怀大笑，从而对我留下深刻的印象。刚开始认识的时候，我以为他还很年轻，达芙妮却微笑着让我注意他的手（她总是留意诸如此类的小细节）。他身材精瘦，拥有强健的肌肉、瘦削的脸庞和孩子气的短发，穿着紧身牛仔服，高跟靴子，皮带上打着巨大的扣子，身上透出西部牛仔的气息，我该叫他什么呢——让我好好想想——对，就叫他伦道夫吧。实际上，他在追求达芙妮。他悄悄向她走去，双手插在裤袋里，在她身边嗅来嗅去，自负而暴躁的神情就像在他之前那些追求达芙妮的家伙一样，欲盖弥彰，矫揉造作的眼神中明明白白地透出渴望的欲念。他对我的态度带着警惕的友善，称呼我为他的朋友，甚至是——我不知道是不是我的幻想——他的伙伴。我清楚地记得他第一次走到我们桌边的情形，细长的双腿缠绕着椅子，手臂撑着脑袋，身体向前倾着。我还以为他会掏出烟袋给自己卷根烟抽哪！那个眼里布满红血丝的年轻服务员，帕克或者帕布鲁——总是带着贵族似的傲慢——将我们的饮料搞错了。伦道夫正好借题发挥，狠狠地辱骂起帕布鲁。可怜的小伙子就站在那里，弯着腰，鞠着躬，忍受着伦道夫恶言谩骂的鞭挞。作为农民的儿子，他也许经常得遭受这种羞辱。等那个小伙子跌跌撞撞地离开后，伦道夫立刻紧紧地盯住达芙妮，咧开嘴微笑，露出一排黄牙，感觉就像猎犬追到一只老鼠，将它弄死后送到女主人脚边，蹲在一旁志得意满地咧嘴邀功似的。讨厌的西班牙人！他嘟哝着，嘴角发出唾沫飞溅的声音。我真想立刻跳起来，抓住桌角将桌子一把掀翻，让所有的饮料都泼到他的大腿上。狗娘养的，你马上给我站起来，把它们统统捡干净！我冲他大吼！不，不，我当然不会那么做。把桌子掀翻，将碎玻璃倒在他那鼓鼓的看上去滑稽可笑的胯下，那不是我的一贯做法。而且，和其他观众一样，我也很乐意看到帕克或者帕布鲁（管他呢！）遭到报应，那个傻瓜，眼神忧郁，手指细瘦，蓄着他那宛如阴毛的可怕小胡子。

伦道夫喜欢留给别人一种印象：他其实是个非常危险的人物。他谈论起他在那个穷乡僻壤干过的种种勾当，据他说那个地方叫"国边"。我乐于倾听他这些勇猛事迹，他算不上讲故事的好手，故事内容其实也颇为粗糙，我却偷偷从中获得许多乐趣。眼前这个人牛皮吹得可溜了，狡猾的眼神四处游离，说话的腔调悄悄地随着故事内容作出调整，脸上总是挂着沾沾自喜的神情，在我静静的点头迎合和充满敬畏的反应下，他就像一朵花儿，在适宜的温度下悄然绽放，这一切都显得那么荒谬可笑。从人们小小的邪恶中我总能获得暗暗的满足，在那些傻瓜和骗子面前，我总能成功附和他们那些装腔作势和无伤大雅的谎言——这点认识让我感到异常的愉悦和兴奋。伦道夫自称是个画家，可在我向他就绘画方面提出几个常识性的问题时，他又突然变成了作家。实际上，某个夜晚，几杯酒下肚，他就向我道出了实情，他是靠在岛上那些富人间倒卖麻醉剂赚钱的。当然，我那时非常惊讶，但也由此获得了一条非常有价值的信息，直到后来——

我有点累了，不想再叙述这些细枝末节，让我直入正题吧。我让他借我点钱花，他不答应。我提醒他不要忘了他醉酒的那个夜晚，对我说的那些话，这里的警察肯定对他干过的那些买卖感兴趣。他惊呆了，恳求我让他考虑一下。他现在身边没有钱，但他会想办法从朋友那里或者其他什么地方弄点钱给我。他咬着嘴唇，注视着我。没关系，只要是钱，我从不关心它从哪里来。我被这一切逗乐了，非常兴奋自己能扮演这样的敲诈勒索犯。我从没有料到他会将我的威胁当真，是我高估了他，他本来就是个胆小怕事的孬种。他给了我钱，用这笔钱，我和达芙妮过了几个星期寻欢作乐的生活。所有的一切都非常完美，除了一点：伦道夫像狗一样对我如影随形，我走到哪里，他跟到哪里。什么是借？什么是还？他那平庸的脑袋里肯定没有这样的概念，我没有把他那肮脏的小秘密说出去，不就相当于把欠他的钱都还清了吗？我将这一点清楚地告诉了他。那些家伙可不是整天瞎混没事干的！他说话的时候，露出牙齿，肌肉抽搐，带着可怕的笑。我很高兴听到这些，我想谁也不愿意被他的对手轻佻地低估，即便他自己就是个二流货色。听了我的回答，他立刻威胁说要向那些人告发我。我当面嘲笑了他，大步走开，没将他的威胁放在心上。我始终没将这当回事，直到有一天我收到一个用牛皮纸包的小包裹。地址栏里的名字一看就出自某个半文盲之手。达芙妮实在不该打开包裹。里面是个巴尔干索布拉尼[1]牌烟草罐，散发出奇怪的味道，好像几经转手似的——用棉线缝了边，罐子里面躺着一块发白的螺纹型的软骨，软骨连着肉，上面是已经干涸的血迹。过了好一会儿，我才认出这是一只人的耳朵。从耳朵上粗糙的锯齿判断，它肯定是被类似于面包刀的东西割下来的。太可怕了！我猜测他们的意图就是以此来警告我。我记得我当时还在寻思：在西班牙斗牛士的小岛上用耳朵作为一种威胁的工具，这是多么恰当啊！真的，我觉得有点滑稽可笑。

我找到了伦道夫。他的脑袋左半边垫着软麻布，用肮脏的绷带随意包扎着。他这副样子，再也不会让我联想起西部牛仔，命运也许最终让他了却宿愿成了一名艺术家，发了疯的梵高自残后创作了他的自画像，现在的伦道夫和自画像中的梵高倒有些相象，穷困、潦倒。看到我时，我意识到他快要失声痛哭了，看上去是那么自怜而愤怒。现在你得自己去对付他们，你欠他们的你自己想办法解决，你不欠我什么了！我已经付出了代价！他的手捂住缠着绷带的脑袋，冲我低声咒骂一声消失在巷子里。虽然中午的阳光很温暖，我还是感到背后的一阵寒意，仿佛一阵大风涌过水面。在那个白色的街角，我停留了片刻，陷入沉思。骑着驴子的老人和我打招呼，附近小教堂的钟发出急促的铛铛声。为什么？为什么我会过着这样的日子呢？我问自己。

我想法庭也会希望听到这个问题的回答。以我的生活背景，受过的教育，当然还有我所接触的文化熏陶，我怎么会和这种家伙牵扯不清，使自己陷入这样的窘境，过着这种生活？答案是——我也不知道为什么，我自己也不清楚这个问题的答案。也许我知道，但是，这个答案太宽泛，太混乱，我无法在这里具体描述出来。我曾经相信，和其他人一样，我能按照自己的意愿来决定生活的道路，但是，渐渐地，当我一次

[1] 巴尔干索布拉尼（Balkan Sobranie）：著名的烟丝品牌。

次回首往事，我终于意识到我所做的那些事情，并不是出于我的主观意愿，而是我没有其他的选择，只能如此。法官大人，请不要误会，不要认为我这样说是在为自己寻求解脱，进行辩护。我会对自己所做的一切负责——毕竟，这是我现在唯一能做的——对于陪审团的裁决我决不会提出任何异议。我仅仅想知道，十分严肃认真地想提出这样一个问题：当自由意志被摒弃后，坚持将一切犯罪定义为道德沦丧，这种做法是否可行。我承认，这个问题很难获得答案，这种话题应该在深夜时分，我们喝着可乐，抽着香烟，夜晚又是如此漫长难耐时，才拿出来讨论消遣，用以打发时间。

　　就像刚才说的，我并不总是认为我的人生就像一所监狱，所有的行动必须遵守由某个毫无任何实感的权威随意制定的所谓条条框框。当我年轻时，我一直认为自己会是个了不起的建筑师，总有一天会为自己建造出一幢宏伟的大厦，那将是如此豪华的建筑，阳光充沛，空气清新，能将我完全包容，当我置身其中，就能得到真正的自由。他们会说，从远处来辨别这幢高楼吧，看看它是何等坚固：噢，是他！毋庸置疑，是他本人！我呢？我在哪里？没有了这幢大厦，我顿时觉得自己暴露在众目睽睽之下，但是没有人看我，在他们眼里，这幢大厦就是我。我该怎么形容这种感觉，没有分量，没有依靠，仿佛四处飘荡的幽灵。其他人都是活生生的，有血有肉。置身在这些无忧无虑的生物中间，我觉得自己就像个孩子，眼睛睁得大大地注视着他们，在这个荒谬的、令人费解的世界里，惊叹于他们脸上那种平静自信的神情。不要以为因此我就会像枯萎的百合花，一蹶不振，我照样和他们当中那些精英在一起，大声欢笑，高谈阔论，自吹自擂——然而，只有置身在那幢大厦里，在它的庇护下，我才能审视我的内心，依旧不安地站在那里，咬着指头，沉默不语，惶惶不安中带着嫉妒之情。他们对事物总有充分的了解，至少，他们乐于接受事物。他们有自己的想法，知道自己要表达什么。他们总是采用宽泛的态度对待一切事情，似乎他们从未意识到任何事情都是可以被细分的。他们讨论因果关系，似乎觉得把一件事情从错综复杂的情况中独立开来，让它在某个纯净永恒的空间里接受严格的审查就够了。他们把所有人都当成一个人对待，在我看来用这种过分笼统自信的方式来评价一个单独个体是非常愚蠢和无知的。呵，他们的所知真是无极限啊！

如果举外人的例子还不能说明问题的话，我可以将身体里面另一个自己作为范例，他像个监考老师一样时时刻刻盯着我，在他面前，我必须隐藏起我摇摆不定的性格。举例来说，我正在阅读某篇议论文或其他什么读物，阅读的过程中，发现自己是如此认同作者的观点，但直到最后，我才发现，自己完全误会了作者的意图，他想表达的和我理解的完全是两码事。这时，我会在一瞬间让自己的想法转过来，对另一个自己，即身体里面那个严厉的考官说道：作者说的完全是正确的，我从来没有过其他不同的想法，即使我有过其他不同的看法，也只能说明我心胸开阔，思维清晰，能在不同的观点之间流畅自如地转换。然后，顺顺眉毛，清清喉咙，挺直肩膀，继续读下去，心里充满了让人窒息的沮丧感。我为什么要用过去时来描述这些呢？难道现在情况不一样了？我只能说，我身体里面那个监督者已经走了出来掌控大局，而平常的我——那个困惑者反而躲在身体里面抖颤退却着。

我不知道，陪审团是否意识到这番表白对我意味着什么？

我选择自然科学作为我的专业，因为我想寻找某种确定的事情。不，更准确地说，我之所以选择自然科学是因为想让那些不确定的事物变成确定的衡量，更易于掌握和管理。我的脚下似乎永远流动着沙子，它们遍布每一个角落，也许通过对这门学科的探究，我可以在沙子上面完成一座坚固的建筑物。我认为自己在这方面很有天赋，如果不考虑诸如自然本质、事情真相、道德准则等大主题的话，我的确发现自然科学能够给我很大帮助。在自然科学里，我发现了一个前所未有、火热沸腾的世界，在这里，事物都是由各种偶然碰撞所组成的漩涡，对此我有种怪异的熟悉感。数据分析、概率理论，这些都是我研究的领域，都是些深奥的课题，这里我就不展开了。在这些领域里，我身上似乎蕴藏着某种不可忽略的才能，即便在那些可怕的纪律规范面前，这种才能还是能够表露无疑。我的作业条理清晰，思维缜密，简洁有力，堪称典范。教授们都很喜欢我，那些穷酸的老家伙们叼着烟，满嘴坏牙，身上散发着隐隐臭气。他们似乎在我身上发现了一种罕见的、无情的特征，正是由于缺乏这个特征，他们才沦落到只能在讲台上劳碌一生的悲苦命运。再后来，我去了美国。

我是多么喜欢在美国的那段日子！那阳光充沛、仿佛彩色蜡笔画出来的美丽西海岸，那里也是永永远远毁灭我的地方。在梦里，我还反复重温着那里的一切，圣洁的赭石山，美丽的海湾，雾中那轻巧的红色吊桥。感觉自己仿佛登上了某个神话中的高地——阿卡狄亚[1]，传说中的世外桃源，如此富足、闲适、纯洁之地。我可以随便选取一个我在那里的生活片断：明媚的春天，大学餐厅里，午餐时分。餐厅外面的广场上，漂亮的女孩们在阳光照耀下的喷泉旁嬉戏玩耍。那天上午，我们刚刚听了一个访问巫师的讲座，现在这个玄妙大师和我们坐在一起，喝着纸杯咖啡，嚼着开心果。他身材细瘦，灰色卷发随意地松散开。他的眼神中透着幽默，带着点点恶意，向周围不安地扫射着，仿佛在找寻能够让他开怀大笑的东西。他嘴里嘟囔的，都是些运气啊巧合啊这类鬼东西。突然，他向坐在外围的我眨了眨眼，龇牙一笑。教师们围着桌子坐成一圈，点着头，不发表任何意见。这些严肃的男人们体形巨大，皮肤被阳光晒成了棕色，穿着短袖衬衫和厚底鞋。其中一个不时用手摩擦着下巴，另一个无聊地盯着他那笨重的手表。外面，一个光着上身穿着短裤的男孩经过，吹着笛子，女孩们慢慢地站起身，俩俩离去，她们脚步轻缓地越过草地，双臂交叉合抱，书本就像胸罩一样紧紧地贴在她们的胸前。上帝啊，我是不是真的去过那里？现在这些地方对我来说更像梦境，而不是回忆：午间音乐、温柔少女、桌边的我们、苍白静止的人物形象，那些学识渊博的教授们，在讲台上主持讲座，眼镜里反射出书页

---

[1] 阿卡狄亚：原文为 arkadia，ark 原意为躲避、避开，后指方舟，adia 指阎王，arkadia 就是躲避灾难的意思，口在被西方国家广泛用作地名，引申为"世外桃源"。

的影子。

在那里，他们都被我迷住了，我的口音、领结、一点点的邪恶气质都让他们感到了来自另一个古老世界的魅力。那时，我二十四岁，在他们中间，我却像个中年人。他们以一种严肃的热情对待我，仿佛借此他们可以提高自身修养。那时他们国家正处于对外战争的高潮期，每个人看上去都是一个抗议者，除了我——我拒绝加入他们游行静坐，呐喊抗议的行列——我的政治主张（或许我从来没什么政治主张）没有丝毫的威慑力。那些"花样少年"[1]，穿着各式各样五颜六色的衣服纷纷蹿到我的床上，一时间顿觉眼花缭乱。我不能清晰准确地记住他们每个人，当我回想起他们时，将他们都搞混了，这个人的手，那个人的眼睛，另一个人的哭泣，都是一个个记忆碎片。

那些白天和夜晚，在我的记忆里，现在只剩下淡淡的、朦胧的、苦乐参半的气息，那四处飘荡中的安逸，也宛如日落后天空中的余晖，只留下最苍白的光晕，我该怎样来描述那种感觉？就像性爱高潮过后，阴茎上残留的极致快乐——对，就是那样，那些日子留给我的印象——激烈运动后，肌肉酸痛、汗水交织的那种快感。

正是在美国，我第一次遇到了达芙妮。一天下午，我到某个教授家里参加聚会。我站在门廊上，手里握着三倍分量的杜松子酒，这时突然从我脚下的草坪上传来了故乡的声音：温柔清脆的、仿佛雨水倾倒在草地上的声音，那种慵懒的语调无疑表明了我们是同一类人。我看到了她，她就站在那里，身穿碎花裙子，脚蹬过时鞋子，梳着当时流行的那种奇怪发型，皱着眉头，眼神越过站在她面前的那个男人的肩膀。那个男人穿着一件花哨的夹克衫，用夸张的肢体动作回答着她的什么问题，只见她郑重地点着头，对他的话根本充耳不闻。我只瞥了她一眼就走开了，我也不知道为什么当时要那么做。我那时心情糟糕，半醉半醒，这个时刻仿佛是命里注定的带有某种象征意义，预示着我们以后的人生必

---

[1] 花样少年(Flower Children)：嬉皮士的一个流派，尤指年轻的嬉皮士，因佩带花朵以象征和平与爱情，故名。

然会走到一起。之后的十五年，我总是这样或那样躲着她，直到那个清晨的到来：我站在船上的栏杆旁，呼吸着码头污浊的空气，心不在焉地向站在码头上的她和孩子挥手告别。也就是在那天，达芙妮转身离开了我，现在想来，那似乎就是我们之间漫漫悲伤的永恒诀别。

感到恐惧的同时，我觉得自己非常愚蠢，这一切都是那么荒谬，那么不真实。我把自己逼到了这样的窘境，我做了很多噩梦，其中一个梦里出现了一个矮胖男人，但是突然间梦变成了某部差劲的三流电影。要过很长时间我才能摆脱这种糟糕的感觉，就像可怕的噩梦，需要较长时间才能平复心情，但是不久这种感觉又会卷土重来，仿佛长了触角般将我紧紧缠绕，令人厌恶窒息，伴随着突然一阵恐惧和耻辱袭上心头——对，是耻辱，由于我的自大愚昧和麻痹大意，让自己深陷现在这样的泥沼。

因为伦道夫，我沦落到了这样的境地，不得不让自己在这部闹剧中扮演一个小角色。我原本期待能够看到漫画中那些典型的恶棍，脸上带着刀疤，扁平的额头，蓄着薄薄的小胡子，他们站成一圈，把我围堵在中间，双手插在衣服口袋里，嘴里叼着牙签，冲我不怀好意地狞笑。但是，事实并非如此，出来迎接我的是一位满头银发的绅士，穿着白色的套装，他的握手坚定有力，感觉久久挥之不去。他告诉我他的名字叫艾奎尔。他的举止谈吐礼貌得体，带着淡淡的忧郁，和他身边的环境显得格格不入。走过狭长的楼梯，来到酒吧上面的房间。房间又小又脏，相当局促，里面有一张桌子，桌子上铺着油布，旁边是几把藤条椅子，桌子下面坐着个脏兮兮的婴儿，舔吸着一把木调羹。角落里放着一台特大号的电视机，空白的屏幕上能看到我自己反射的影子，弯腰驼背，又高又瘦。空气中弥漫着油炸食物的味道。艾奎尔嫌恶地撇了撇嘴，检查其中一把椅子的椅面后坐了下来。他给我俩都倒了酒，并且友好地碰了碰杯。他告诉我他仅仅是个生意人，并不是什么伟大的教授。说这话的时候，他朝我微笑着，微微弯着腰。但是，他说，虽然如此，他知道有一些规则还是要遵守的，特别是某些道德上的准则。也许你能猜出我特指什么？我摇摇头，不发一言。我感觉自己像只老鼠，在被一只狡猾的无聊老猫戏弄取乐。他的忧郁仿佛又加深了几分。借款！我说的是借款！有借必有还，我想你应该明白。他温柔地说着，希望我能明白他的立场。沉默，只有沉默。恐惧和惊愕已经紧紧攫取了我，我突然明白：这才是真实的世界，充满恐怖、痛苦和报复的严酷地方，绝非什么阳光灿烂的游乐场——在那里我可以肆意挥霍别人的钱财。我得回家，我的声音听上去都不像是自己的，朋友、家人能帮我，我能从他们那里借钱。他沉思了一会儿。你一个人回去吗？他问我。一开始，我不知道他这样说是什么意思，后来才明白过来。我的妻子和孩子会留在这儿，我慢慢吐出这句话，并没有看他。当我说出这句话时，似乎听到背后传来一声可怕的咯咯声，像是丛林中猫头鹰发出的某种嘲笑声。他笑了，又给我倒了点酒。那个一直在玩我鞋带的孩子突然号啕大哭起来，我被他的哭声弄得焦躁不安，真想把他一脚踢开。艾奎尔也皱起了眉，冲身后大声吼叫起来。他身后的门突然打开了，进来一个胖得可怕的年轻女人，怒气冲冲地把头凑过来，和艾奎尔嘟哝着。她穿着黑色的无袖裙子，裙边都皱在一起，头顶是蜂窝似的高耸假发，和她的假眼睫毛倒有点相映成趣。她步履蹒跚地走过来，费力地弯下腰抓起孩子，重重地给了他一巴掌。孩子被吓着了，发出更大的呜咽声，圆圆的眼睛紧紧盯着我。女人也怒目圆睁盯着我，将木调羹一把扔在我面前的桌子上，使劲拍打着孩子的一边屁股。她跌跌撞撞地冲出房间，砰的一声甩上门。艾奎尔耸耸肩，似乎带着一丝歉意。你对岛上的女人有什么看法？他又笑了，眼神中闪着幽光。我迟疑着，不知道说什么。说吧，说吧！他欢快地催促我。当然，对女人我一向有想法。我认为她们很可爱，实在是太可爱了，是我遇到的所有女人中最可爱的。他满意地点着头，我说的正是他想听的。她们太黑了，晒不到太阳的地方也很黑！他身体往前倾，满头银发，满脸皱纹，微笑起来，一根手指轻轻拍打着我的手腕。北方女人，那些苍白的北方女人，她们的皮肤是那么白皙，柔嫩，细腻！你的妻子就是如此。又一阵令人窒息的沉默。我隐约听见楼下酒吧里传来的铜管乐声，斗牛士的音乐。椅子在我的身下发出咔咔的噪音，像是无声的抗议。艾奎尔双手交握——他的手就像埃尔·格列柯[1]画中那些人物的手——透过指尖注视着我，一字一句地说道：你那漂亮的妻子，你会很快回到她身边吗？这不是一个真正的疑问句，所以我并没有回答。我能说什么？我能做什么？这些问题都没有答案。

　　我没有将详情告知达芙妮，她知道得越少越好。对此，她似乎也能理解。她从不发表异议。这也是达芙妮的惊人之处：她从不发表异议。

　　回家的路途真是漫长。船在黄昏时到达瓦伦西亚[2]。我讨厌西班牙，如此野蛮无趣的国家，城市里充满了氯气和性交的味道。我坐上了夜间列车，车厢里塞满了穿着廉价衣服、散发着异味的农民，我就这样被挤在中间，头痛燥热，无法入睡。列车沿着轨道爬上高地，汽笛声一阵阵响起。黎明时的马德里，天空泛着水洗过的蓝色。我在车站外驻足停留，注视着一大群鸟在高高的天空盘旋着，打着转。最奇怪的是，这时我突然感到异常愉悦和兴奋，或者类似于这类的情绪突然向我袭来，让我禁不住颤抖，热泪盈眶。也许是缺少睡眠，也许是这里稀薄的空气引起的，我寻思着。为什么我会清楚地记得，我曾站在那里，天空的颜色，那些鸟儿，那突如其来的狂热欣喜？你正处在一个转折点上，未来向你展示了不同的岔路，而你在不知不觉中选择了错误的那条——那就是你要告诉我的，不是吗？每样事物都有它的寓意，每种寓意下面都隐藏着你的渴望，你手心冒汗，脸庞像着了火一样燥热！平静下来，弗雷

---

[1] 埃尔·格列柯(El Greco, 1541–1614)：西班牙著名画家。格列柯是一个天才而又非常复杂的人物，他的作品曲折地反映了西班牙16世纪下半叶动荡的社会和没落贵族走向崩溃的叹息，同时为自己的苦闷、矛盾和没有出路发出来自肺腑的呼喊。由于格列柯远离生活和斗争，也导致他的艺术后来走上唯心主义甚至神秘主义的道路，因无法摆脱命运的摆布而神伤。
[2] 瓦伦西亚：西班牙港口城市。

迪里克，平静下来！法官大人，请原谅我一时的情绪失控。我只是不相信那种时刻会有什么特殊的寓意，或者说任何时刻，我都没想过那个问题。显然，它们带上某种含义，某种价值，但这能说明什么问题呢。

就在刚才，我已经宣告了我的信仰。

我在哪里？还在马德里，在离开马德里的路上。我坐上了另一列火车，向北方驶去。一路上，列车每站都会停下，我觉得自己似乎永远也不可能离开这个可怕的国家了。一次，我们在不知哪个鬼地方停留了一个小时。我静静地坐着，无聊地看着窗外，时间滴答滴答仿佛永远到不了尽头。垃圾遍布的铁轨旁是金灿灿的、一望无际的高高田野，连绵的远山乍一眼看上去犹如朵朵白云。阳光依然照耀，一只疲倦的乌鸦拍拍翅膀在天空飞过。有人在咳嗽，我突然有种古怪的感觉，为什么我会在这里，而不在其他地方，也许在别的地方，我也会有这种古怪的感觉。我的意思是——上帝，我也不知道我要说什么。车厢里的空气厚重污浊，车座散发着陈腐的味道，积满了灰尘，好像已经空置许久似的。我对面坐着个矮小黝黑的男人，毫无礼貌和教养，直勾勾地盯着我，一点也不知道回避。一瞬间，我似乎有种感觉，我正走在一条不归路上，迟早会犯下什么严重的、可怕的、不能饶恕的罪行，这不是什么预兆，如此短暂的感觉甚至不能用确切的词语来形容。我醍醐灌顶，却不能解释清楚，但我确确实实有这种感觉。我被这种感觉吓坏了，呼吸变得急促起来，窘得仿佛脸上被狠狠揍了几下，与此同时，又有一种滑稽的欢快情绪涌上我的喉咙，让我窒息。那个农民仍然注视着我，向前斜坐了一点，双手木木地放在膝盖上，低眉顺眼的，眼神一下子热切一下子疏远。这些人，他们看人的方式都是这样，没有一点自觉，似乎觉得他们这种行为不会对他人造成任何影响，他们的眼神仿佛来自另一个世界。当然，我清楚地知道，自己是在逃离。

我原本以为到达霍利黑德[1]时会下着大雨，但天空只是飘着温暖的绵绵细雨。当我们的船通过海峡时，太阳又出来了。夜晚，风平浪静，油亮的新月高挂天空，弯弯地带着紫红色的光晕。我坐在前面休息室的长沙发上，船头不停地上扬又上扬，整个船体仿佛都悬浮在半空中。前方的天空色彩绚烂，苍白的蓝色，淡淡的银绿色，还划过点点绯红的痕迹。我把脸迎向月光，陶醉地期待着，笑得像个傻瓜。我承认自己不是很清醒，刚刚放任自己痛饮了几杯，感觉太阳穴和眼角周围的皮肤被紧紧拉扯着。倒也不是纵情豪饮让我如此兴高采烈，而是万事万物透出的柔和娇嫩，这个世间的简单真谛让我有这种愉悦之感。日落，云朵，海上的光，那令人心醉的蓝绿色的远方，所有这些都被涂抹上如此奢华绚丽的色彩，仿佛是为了抚慰那些迷失受苦的旅人。我从未真正完全适应这个世界，有时候甚至觉得，我们之所以会出现在这里是宇宙犯下的大错，我们本来应该出现在另一个星球上，有另外的生存轨迹，有另外适应的法律，更加阴森的天空。我试着去想象那个我们本该前往的星球，在银河系遥远的一方，不停地旋转着。那些本该来到我们现在这个星球的人，他们被困在那边，带着思乡之情，困惑苦恼，是否就像我们一样？不，也许他们很久以前就灭绝了。那个星球原本是为了容纳我们这样的家伙而存在的，那些温柔和善的人在那种环境下如何能存活下来呢？

[1] 霍利黑德：英国港口城市。

最初是声声噪音惊动了我，那些噪声都带有浓浓的重音，类似于某种滑稽可笑的嘲讽。两个铁青着脸的码头工人嘴里叼着烟，海关的那个人戴着帽子，都是我的乡亲同胞们。走过一个巨大的铺着波纹铁皮的棚子，终于来到了夏日金色的余晖下。公共汽车从旁驶过，一个工人骑着自行车四处转悠，那个塔楼上被风雨侵蚀的大钟仍然没有给出正确的时间。我惊讶地发现，这一切都是如此令人动容。小时候，我是如此喜欢这里，码头，海滨人行道，那个绿色的露天音乐台。空气中永远弥漫着淡淡的甜蜜忧伤，淡淡的遗憾惋惜，似乎某种雅致欢快的乐曲随着夏天最后的日子悄然流逝。我父亲从来就把这地方和金斯敦 [1] 相提并论，他才不管当地人是怎么说的呢。星期天的下午，学校放假的时候，有时就在工作日的下午，父亲经常会带我来这里。从库格朗吉开车过来要花很长时间，通常，他会把车停在码头附近的街道上，给我一先令，然后悄悄走开，按照他的说法，这样做是为了让我自己安排活动。我看着自己，像个青蛙王子般登上莫里斯-牛津车 [2] 的高高后座，握着圆筒冰淇淋，一圈圈舔着那渐渐变小的球形体，注视着人行道上来来往往的过路人。我的舌头不停地转动，沾满了奶油，眼神中充满了凶恶，这都使那些行人吓得脸色煞白。海风温柔地吹拂，从打开的车窗中飘进来，带着一丝咸味。码头下面停泊着一艘邮船，隐隐的烟味混合着海风一起飘来。游艇俱乐部屋顶上的旗帜不停翻动、噼啪作响，码头旗杆旁的灌木丛在风中摇摆，发出撞击旗杆的叮叮响声，这些声响交织起来仿佛一支东方管弦乐队正在进行表演。

母亲从未加入过我们的短途旅行，后来，我才意识到，这其实都是父亲的借口，他来这儿是为了和他的情妇幽会。这不是什么了不起的大事，我也不认为父亲这样做是偷偷摸摸、鬼鬼祟祟的行为。父亲身材矮小，衣着整齐，淡淡的眉毛和眼睛，留着小胡子。胡子毛茸茸的，非常

---

[1] 金斯敦：牙买加的首都，是一座历史悠久的城市，也是全国行政、商业、文化中心和海上交通枢纽。
[2] 莫里斯-牛津车：莫里斯是一家古老的英国汽车制造商，牛津车是为了与雪佛兰竞争推出的一款汽车。

柔软，仿佛一小撮体毛趁他不注意的时候，偷偷地从身体的某个地方爬到了脸上，这使他看上去有点轻浮，但同时又让他的嘴显得更加生动，那个看上去饥饿的，凶残的，猩红的东西，仿佛随时在咀嚼着，咆哮着。父亲总是气呼呼的，似乎永远忍受着仇恨和愤怒的煎熬。但是，我认为，这其实都是他的表象，他的内心还是个懦弱胆小的人。他经常顾影自怜，认为整个世界对他都不公平，作为反抗，他纵容自己，放任自己。他穿手工制造的鞋子，打夏尔凡 [1] 领带，喝极品红葡萄酒，抽从伯灵顿市场街 [2] 的某个精致小店空运过来装在密封罐子里的香烟。我现在还保存着，或者曾经保存过父亲引以为傲的马六甲手杖，他喜欢向我描绘它的整个制作过程：手艺精湛的工匠将四根或者八根藤条准备妥当，然后将它们有序地编织在一起。父亲是如此全情投入，让人忍俊不禁。他错误地认为他的这些收藏个个价值不菲，经常昂首阔步四处向人炫耀，就像小学生炫耀他的冠军弹弓一样。事实上，父亲确实在某些方面永远像个男孩子，带着青春期的懵懂莽撞和跃跃欲试。和他在一起，我感觉他永远是那么精力充沛、朝气蓬勃，相反，我却像个满腹牢骚、疲倦不堪的大人。我猜想，他有一点怕我，当我十二三岁时，个子已经和他一样高，和他一样重。我遗传了他的皮肤颜色，其他地方长得却像我的母亲，从那个时候开始，我的皮肤就开始松弛了。（对，法官大人，在你面前这个日益衰老的男人，身体内总有一个肥头肥脑的傻瓜躲在里面不想出来。这巴特 [3] 似的傻瓜曾经无意间溜出来一次，仅有的那一次，但看看都发生了些什么！）

　　我不想给你们一种错觉——好像我讨厌我的父亲，虽然我们交谈不多，但就像其他父子一样惺惺相惜，和睦融洽。即使他真的有点怕我，我也很聪明地对他保持机警的态度，这种关系经常被我们错误地理解为

[1] 夏尔凡：以法国厂商的名字命名的一种柔软无光的丝绸或人造丝领带料子，此处指用这种料子制作的高级领带。
[2] 伯灵顿市场街：伦敦著名的旅游和购物景点，由新、旧两部分组成。这里聚集了英国乃至世界各地的高级名牌店，作为时髦商店的聚集地也十分有名。
[3] 巴特：全名比利·巴特（Billy Bunter）是英国作家弗兰克·理查兹（Frank Richards）所写（Billy Bunter Greyfriars School）小说中一个体胖、嘴馋的学童。

相互尊重。我们身上有一点非常相似，就是对这个世界充满了强烈的厌恶之情。在对当下的重大事件作出评论时，父亲总是习惯性地发出低低的带有鼻音的窃笑，而我则完全继承了他的这种笑。教派分裂，敌对战争，悲剧灾难，他为何喜欢这种话题呢？——这个世界，这个唯一有价值有意义的世界，早在最后一任总督离开海岸时就分崩瓦解了，这之后就只是充满着那些乡下人的争吵谩骂，父亲对这种说法确信不疑，他总是认为美好的国度已经离我们远去，我们这些人成了城堡天主教徒 [1]，对，他喜欢说这个词，并且以此为荣。我想这其中的委屈要大于自豪，私底下，他也许为不能成为一名新教徒 [2] 感到羞愧，否则他也无需做这么多的解释和辩驳。他把自己描绘成了悲剧人物，一个不合时宜的老绅士。我想象着另一幅画面：星期天的下午，父亲和他的情妇在一起。我猜测那是个丰满的年轻女人，烫着蠢蠢的卷发，穿着袒胸露背的衣服，父亲跪在她面前，颤颤巍巍地试图用一只膝盖保持平衡，神情专注地看着她的眼睛，小胡子微微抖动，那湿湿的猩红嘴巴张开着，恳切地哀求着。天，我不能这样嘲笑他，我真的不想对他不敬！我的辩护律师不时向我灌输一种新奇的观念，说我内心深处总是渴望弑父娶母，每当他这样说时，总是用一种意味深长的眼光打量我。

　　抱歉，我离题了。

---

[1] 城堡天主教（Castle Catholics）：城堡天主教用来特指都柏林城堡建成后被吸收入亲英派的中产阶级天主教教徒。1169年，盎格鲁·诺曼人登陆韦克斯福德郡，并于同年征服都柏林。英格兰的约翰王1204年签署命令，建造一座坚固的城堡即都柏林城堡，用以储藏他的珍贵珠宝和其他财产，同时作为爱尔兰总督的居所和住宅。18世纪末期以来，爱尔兰总督主要居住在位于凤凰公园的总督府。1922年1月16日，爱尔兰临时政府接受了都柏林城堡的投降，投降仪式由最后一任爱尔兰总督Fitzalan总督进行。

[2] 新教徒（Protestant）：爱尔兰教派之一。1169年盎格鲁·诺曼人入侵爱尔兰后，爱尔兰人完好地保留了自己的语言和文化传统，特别是16世纪天主教分裂出新教后，爱尔兰人是虔诚的天主教徒，而英国移民后裔则改信新教。17世纪，英国加紧向爱尔兰移民，大批英格兰与苏格兰人移居爱尔兰北部。与此同时，16世纪英格兰进行的宗教革命，又加剧了爱尔兰当地居民与改奉新教的移民之间的宗教对立。1801年，英国以合并条例（《英爱同盟条约》）的形式吞并了爱尔兰，组成了大不列颠与爱尔兰联合王国。19世纪，爱尔兰人要求地方自治的呼声日益强烈，然而居住在北方的英格兰人和苏格兰人后裔的新教徒担心爱尔兰自治如果实现，他们将成为地方政府统治下的少数，因此主张自治的天主教徒和新教徒之间的敌对情绪日益加深。20世纪初，两个民族之间的矛盾处在一触即发的地步。1921年，英国在内外各种因素的推动下，决定在爱尔兰实行分治。南部以天主教徒为主的26郡组成爱尔兰自由邦。后在1949年，爱尔兰自由邦脱离英国，正式独立，成立了爱尔兰共和国。北部以信仰新教的英格兰人和苏格兰人后裔占绝对多数的6个郡仍留在英国内，作为大不列颠与北爱尔兰联合王国的一个组成部分。

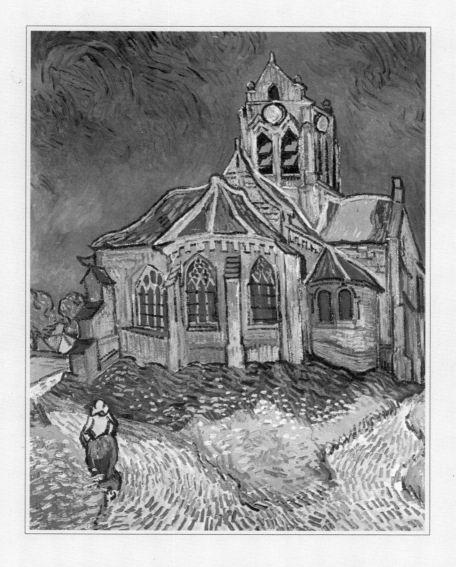

《奥维尔教堂》　　　　梵高（*Vincent Van Gogh, 1853–1890*）

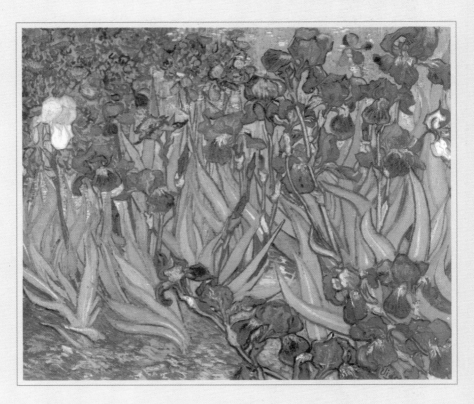

《鸢尾花》　　　　　　　　梵高〔Vincent Van Gogh, 1853—1890〕

我在金斯敦，哦不是，是邓莱里[1]感受到的城市魅力在这里荡然无存。我坐在双层巴士上面一层最前面的位置上——那是我以前一直坐的、最喜欢的座位！从车里看出去的景色和以前是如此不同，几乎让我无法辨认。我离开的这十年间，这座城市必定遭遇了什么巨大变化。所有以前的街道都不复存在了，房屋被全部推倒，取而代之的是一个个装着黑色钢化玻璃的街区。那个古老的广场——我和达芙妮曾在那里住过一阵——现在夷为平地，变成了空旷寂寥的充满煤渣的停车场。还有那等待出售的教堂——天哪，现在教堂也可以进行买卖了！可怕的事情发生了，似乎连这里的空气都被破坏了。虽然是白天，天空中还残留着淡淡的阳光，空气中却充满了浓厚的灰尘，仿佛大爆炸或者大火灾后的烟雾。路上的行人个个都像幸存者那样，露出惊魂未定的神情，看上去不是在直立行走，而在步履艰难地蹒跚。我下了车，在他们当中穿梭，垂下我的目光，唯恐吓坏他们。赤脚的小孩从我身边跑过，摇摇晃晃，骂骂咧咧，没有丝毫的快乐可言；一对夫妇从震耳欲聋的地下酒吧后面钻出来，男人脸上长满青春痘，留着鸟窝似的橙色头发，面露凶相，女人穿着角斗士似的靴子，烟灰色的衣服破破烂烂，表情僵硬。他们全身缠绕着类似于子弹带的绳索和链子，鼻孔上钉着醒目的金色扣子。我从来没见过此类生物，我想他们肯定是某个神秘教派的成员。我仓皇地逃走了，钻进了沃利的酒吧——我只能用"钻"这个词来形容我当时的仓皇无措。

　　我原本以为酒吧也会像其他事物一样发生了变化。很久以前，我就非常喜欢沃利的酒吧，学生时代和之后在政府工作的那段日子，我都喜欢来这里喝上几杯。这里弥漫着某种低级庸俗的气氛，非常合我的口味。我早就知道沃利的酒吧是同性恋经常光顾的地方，但我相信法庭不会在这点上大做文章，像那些黄色小报一样认为其中带有某种寓意。我不是同性恋，对同性恋也没什么成见。当然，我瞧不起他们，一想到他们做的那些勾当就觉得恶心。但这些人确实给沃利的酒吧增添了蓬勃的

---

[1] 邓莱里：位于爱尔兰都柏林郡东南部的小镇。

生气，活跃了气氛，同时还带来稍许的威胁意味。当他们那群人突然爆发出鹦鹉似的尖叫和大笑时，当他们喝得烂醉，吼叫怒骂，砸碎东西，大搞破坏时，我都感到一阵颤栗的尴尬和愉悦的恐惧像水银珠子般流过背脊。今晚，为了逃避这座被灾难击中的城市，我匆匆钻入这里寻求庇护。首先进入视线的就是门口桌边那五六个人，他们的脑袋凑在一块儿，低声细语，哈哈大笑，双手愉悦地抚摸着彼此。沃利站在吧台后，他比以前胖了很多，我原本以为他是不可能变胖的——除了这点，十年里他几乎没什么变化。我热情地和他打招呼，我猜想他仍然记得我，当然他肯定不承认：沃利性情乖僻，常引以为傲。我点了一大杯杜松子酒，他不情愿地点点头，从高脚凳上站起来。他动作迟缓，胖胖的身体像水中的水母一样，慢慢摸索着前进。我已经感觉好多了，告诉沃利那座待售的教堂。他耸了耸肩，没有一丝惊讶，仿佛这种事现在司空见惯，随处可闻。就在沃利为我调酒的时候，那群在门口围成一圈的同性恋们突然发出一阵大笑，四处散开。他皱起眉头看着他们，嘴唇紧抿，那可怜的小嘴仿佛消失在肥硕下巴的褶皱里，对这些顾客他都带着鄙视轻蔑之情，不过据说他自己也养着那么一群小伙子。他严厉地管教他们，像比尔兹利[1]插画中的可怕女王一样充满猜忌。

我喝着酒，杜松子酒里有种原始森林的特殊气味，也许，就是这种气味让我联想起那些微光、薄雾和死去的少女。今晚，它在我嘴里发出宛如秘密欢笑般清脆的声音。我审视着自己。沃利的酒吧并没有变，一点都没变，还是我熟悉的那个地方：那窃窃私语的幽暗，那些妖冶的镜子，酒柜上摆放的各种酒瓶，每样东西都带着红宝石般的光泽。所有的一切都像巫婆的厨房：被吓坏了的胖皇后，窃窃嗤笑的小妖精，还有那个吃人恶魔——可怕的吉尔斯[2]，就是我[3]！我很快乐，我

[1] 比尔兹利(Aubrey Vincent Beardsley，1872-1898)英国插图画家，其通常是性爱的黑白画既高度个性化，又是典型的新艺术形式的代表。
[2] 吉尔斯：吉尔斯·德·莱斯男爵(Gilles de Rais，1404-1440)：著名的黑巫术师，百年战争时期他是圣女贞德的战友，曾被誉为民族英雄，贞德被俘以后，男爵退隐于马什库勒和蒂福日的领地埋头研究炼金术，希望借血来发现点金术的秘密，他大约把300名以上的儿童折磨致死，后来被施以火刑。
[3] 原文为法文。

承认，我极其享受这种不体面、不光彩的气氛。在这里，我的出生和教育背景仿佛都离我远去，感觉就像，就像——我也不知道像什么。我知道，我的时态用法有点混乱。我转向沃利，向他伸出酒杯，当他将液体重新注满银色的酒杯时，我感到一种麻木的幸福。沃利在酒里加入冰块，闪过一瞬间的蓝光，让我想到了什么？对，是那双蓝色的眼睛。

我刚才提到了死去的少女，是吗？上帝啊！

就这样，我坐在沃利的酒吧里喝着酒，和沃利闲扯，对我的絮叨，他仅仅耸耸肩，哼哼几声，或者发出几声古怪的、不怀好意的嗤笑。渐渐地，旅途中一直盘旋在脑海中的嗡嗡声平息下来，好像自己从没乘过船，坐过火车，而是被抛到半空中漂浮着，最后落到了这里，头昏眼花却无比兴奋，舒服得简直让人无法承受。过去十年中居无定所的流离，仿佛从未发生过，宛如南柯一梦，全是我的幻想。一切都是那么遥远和陌生，那些蔚蓝大海中的小岛，那个疯狂的正午，伦道夫，艾奎尔，甚至达芙妮和儿子，都是那么遥远。当查理·弗兰切进来时，我热情地向他打招呼，仿佛昨天才见过他似的。

我知道查理肯定会坚持，他从来没有在沃利的酒吧见过我，也从没去过那种地方；而我准备坦承的是，我确实在那儿见过他，但说不准确切的日子。我清楚地记得那个瞬间，同性恋们正在窃窃私语，沃利转动手腕，熟练地擦着玻璃杯，脸上仍然是那副轻蔑的神情，我坐在那里，手里握着酒杯，皮箱放在脚边。查理站在那里，穿着西装外套，脚下是磨损的皮鞋，看上去就像健忘的欧迈俄斯 [1]！他不自然地盯着我，带着隐约的猜忌。也许，我将记忆中两个独立的场景合并了起来——极有可能。我还能说什么呢？查理，希望这番表白能多少减轻你受到的伤害。

人们都认为我铁石心肠，狼心狗肺。但我不是，对查理，我一直深感同情，无疑，我给他造成了巨大的灾难和痛苦。在世人面前，我狠狠地羞辱了他，对查理这样的人来说，这是多么可怕的打击！但是，他的

---

[1] 欧迈俄斯（Eumaeus）：希腊神话人物，伊萨卡国王奥德修斯（又名尤利西斯）忠实的牧猪奴。奥德修斯回到家乡后乔装成乞丐投宿牧猪人欧迈俄斯家中。忠实的仆人欧迈俄斯并未能认出他是自己的国王，不过还是热情招待这个看似落魄的乞丐。

表现是那么得体，那么出色，在那个富有戏剧性的夜晚，在我被戴上手铐拖出去的那一刻，他看我的眼神中没有一丝责怪，有的，只是深深的悲哀，他几乎像要微笑起来，对这一点，我深表感激。现在，对我来说，查理是我所有愧疚和困扰的来源，查理，查理他曾是我的朋友——

他是我的朋友——这样一句简单的话，现在听起来是这样令人动容。以前，我从来没这么说过，现在，在写下这句话的时候，我不得不停顿下来，自己都吓了一跳，喉咙里像堵着什么东西般难受，让我禁不住热泪盈眶。我到底怎么了？难道这就是所谓的良心发现？也许我该在这里给大家留下一个改过自新的形象。

可怜的查理一开始并没有认出我。在这种场合，一个陌生人，以这种熟稔的口吻和他打招呼，这让查理感到非常不自在。我倒能自得其乐，仿佛化了妆，别人都认不出来。我请他喝一杯，他非常有礼貌地婉言谢绝了。查理，他老了，虽然只有六十出头，但看上去却比实际年龄大很多。他有点驼背，小腹微凸，苍白的脸颊上能看见根根金色的细小静脉。他给人的感觉，我该怎么说呢，他给人的感觉很平和，这种平和似乎也是最近才有的，似乎他终于能够坦然面对他现在所处的地位。我刚认识他的时候，他还是个名不见经传的字画古董商人；现在的他，却带有一种君临天下的风度，这种风度在沃利的酒吧华而不实的装饰衬托下越发明显。真的，现在从他的眼神中还能找到以前那种熟悉的感觉，一会儿淘气，一会儿怯懦，只是现在我必须极力寻找才能找到这种感觉。他慢慢地从我身边走开，脸上仍然带着令人不舒服的虚伪笑容，后来，还是他自己，在我的眼神中发现了某种他熟悉的东西，终于，他认出我来。他总算放心了，松了口气，笑出声来，迅速向酒吧四周扫视了一圈，那种眼神，我还清楚地记得，仿佛突然发现裤子前面的拉链松了，要确认其他人有没有注意到似的。弗雷迪！他惊讶地喊出声，原来是你啊！他用颤抖的手点燃一根烟，深吸一口，冲天花板吐出好大一个烟圈。我在设法回想第一次我见到他的情景。当时我父亲还在世，他经常来库格朗吉，在我们家东逛逛，西瞧瞧，偷偷摸摸，鬼鬼祟祟。他和我父母一起度过了青年时代：战前，他们一起参加各种舞会，一起冲到都柏林看演出，等等，这些都构成了他们对那段日子的美好回忆。每当他们向我描述起这些回忆时，我总是轻蔑地撇着嘴，当时我的上唇已经长出了胡须似的茸毛。他们就像在表演那些古老无聊的客厅喜剧，动作夸张，尤其是我的母亲，血红的指甲，电烫的卷发，还有她那被烟酒损坏的嘶哑喉咙，显得更为疯狂。客观来说，查理并不是不留恋那些过去的岁月，但他没有全情投入这种疯狂的幻想。他显然也无法忽视母亲的歇斯底里——尽管她甲状腺肿大，声音颤抖，却仍然滔滔不绝，当然还有我的父亲，他不时地打量着母亲，坐在凳子边缘，像小猎狗般身体紧绷，瞪大眼睛，脸色苍白，露出令人怀疑的嫌恶表情。当他俩这样全情入戏时，他们忘却了所有的事情，他们的朋友，他们的儿子，完全陷入了令人毛骨悚然的恍惚状态。这就意味着，我和查理不得不互相为伴。他小心翼翼地对待我，仿佛我随时都有可能在他的面前爆炸。那时候，我的脾气非常暴躁，没有丝毫耐心，常常嘲笑别人。我们真是奇怪的一对，也许我们之间的关系还要更加深刻一些：对他来说，我是他从来不可能拥有的儿子；而他，对我来说，就像是永远不可能拥有的父亲。（这种说法是我的辩护律师麦尔瑟其莱恩提出的，麦尔瑟其莱恩，我不知道你怎么会想到这个？）我刚刚说到哪儿啦？对，查理。有一天，他带我去看赛马。他穿上了全部行头，斜纹软呢大衣，棕色的粗革皮鞋，戴了一顶花哨的呢帽，帽子还非常俗气地遮住了一只眼睛。他甚至还带了一架双筒望远镜，虽然看上去他似乎永远调不准焦距。他整个人像是由不同的部件拼装起来的，举手投足间总是流露出一种压抑不协调的感觉，似乎随时都会在装腔作势和自嘲的傻笑中分崩离析。我那时十五六岁，在酒帐篷前，他转过身，殷勤地问我要喝什么——爱尔兰酒或者苏格兰威士忌；晚上，他送我回家，那时我已经醉得不省人事。父亲气得暴跳如雷，母亲只是哈哈大笑，查理什么话都不说，不安地站在那里，仿佛他并没有做错什么事情。在我摇摇晃晃地走向床时，他偷偷塞给我五块钱。

查理，我真的感到非常抱歉，真的。

他似乎也想起了那些往事，并坚持要请我喝一杯。当我表示要喝杜松子酒时，他不赞同地撇了撇嘴。他只喝威士忌，这其实也是他虚伪的一面，就像他那带条纹的衣服，磨损的手工制造的皮鞋，还有那乱哄哄的、帽子般顶在脑袋上的头发，现在全都花白了——用我母亲的话来说，这些都让他命里注定会是个了不起的人物。但是，他总能设法逃避摆脱命运的安排。我问他最近在忙些什么。噢，我正在经营一间画廊，说这话时，他露出心不在焉的微笑，仿佛在思索什么，似乎自己也被这个回答吓了一跳。我点点头。那就是他振作起来的原因吧，由此过着自给自足的生活。我似乎看见他，站在积满灰尘的房间里，那里原来是个被人遗忘的储水室，墙上挂着几幅阴暗忧郁的画，某个头发灰白的老处女是他的秘书，为了茶叶钱和他拌嘴争吵，每个圣诞节，那个女人会送给他一根用绵纸包装的领带。可怜的查理，最后终于强迫自己认真起来，一本正经地做起生意，让那些画家追着他，讨着钱。这次让我来请吧！说着，我从迅速减少的一叠钞票里抽出一张，放在吧台上。

坦白说，我正寻思着要不要从查理那儿借钱。让我犹豫不决的原因就是——我知道，法庭肯定会嘲笑我——我觉得这样做没有礼貌。并不是说，我对这类事过分拘谨——我曾经遇到过比向查理借钱更麻烦的情况——但是当时的情形让我开不了口。我们也许曾经真的就像父亲和儿子，但他毕竟不是我的父亲，我也并不是他的儿子，我们只是在这种宛如妓院的地方偶然碰到，局促不安，忧愁哀伤，朦胧的羞耻混合交织着，我们大声嚷嚷，虚张声势，碰杯豪饮，怀念往昔。但这没什么用，我们不一会儿就开始支支吾吾，最后陷入了令人沮丧的沉默。查理突然抬头看着我，眼里闪过一丝痛苦，低低地用没有感情的声音说：弗雷迪，瞧瞧你自己都做了些什么？你怎么会变成这样呢？说完，他就显得有点局促不安，悄悄地和我隔开一点距离，惊慌失措地咧嘴而笑，又喷了口烟。听了这话，一开始我感到非常愤怒仿佛受到了羞辱，随即又陷入了深深的沮丧。真的，我根本没有心情和他谈什么借钱的事。我看了眼墙上的钟，故意误解了他，是啊，今天真是漫长的一天，我喝得太多了！喝完最后一口酒，我和他握手道别，拎起包，离开酒吧。

又回到了以前那个老问题：为什么，弗雷迪，为什么你要过这样一种生活呢？第二天，去库格朗吉的路上，我一直在思考这个问题。天空就像我那时的心情，灰暗、无力而沉重。汽车艰难地行驶在田间的小路上，颠簸摇晃，呼啸前行，那种噪音仿佛来自于我头脑中血液翻腾的声音。过去的无数可能性又出现在我面前，都是些记忆的残骸。这些无数可能性的碎片里面，是否有一块特殊的残片——做出的某个决定，选择的某条道路，遵循的某个路标——能清楚地告诉我，我为何会深陷目前的境地？没有，当然没有。我的整个人生道路，就像其他人一样，或许也和您，我亲爱的法官大人，和您的人生道路一样，从来没有过什么路标或者决定性的瞬间，我们只是向前漂流着，慢慢下沉，过去那些未完成的事业越积越多，蜂拥向我袭来，我的肩膀慢慢地被压弯了，对像查理这样站在岸上观看的人来说，我就像神话中正在攀登顶峰的人物，越爬越高，最后从山顶纵身一跃，开始不可思议的、火一般炙热的翱翔，我的脑袋被熊熊燃烧的火焰光环包围着。但是，我不是欧福里翁[1]，更不是他的父亲。

这个问题本身就是错误的：它事先假定了意志决定行为——深思熟虑反复权衡的意志；即使是木偶的活动，也完全是另一个人意志的体现。我为什么要那样生活，因为那就是我的生活，这就是问题的答案。当我回首往事，无论我如何努力，依然无法清晰地捕捉到每个阶段之间的断层，它就这样源源不断地向前流动着——"源源不断"这个词似乎太大了，更确切地说，那只是频繁停滞后的见机行事。但是，即便如此，对我来说，一切似乎发展得还是太快了，我总是行动迟缓，落于人

---

[1] 欧福里翁（Euphorion）：出自德国作家歌德的《浮士德》（Faust）第三幕。欧福里翁是浮士德（Faust）和海伦娜（Helena）的儿子，在该幕结束时坠落身亡。

后，不得不在人生道路上小跑前进。在都柏林，我仍然是那个在库格朗吉成长中的男孩，在美国，我依旧是都柏林那个年轻稚嫩的青年，在岛上时，我又变成了在美国时的自己，无论我如何弥补、追赶都无济于事，所有的事情一件件向我涌来，让我措手不及，疲于应付。过去的时候，我总想透过当下，试图窥见无限的未来，现在，我想，我的未来似乎已经来临了。

这些都说明不了什么问题，根本都是些无足轻重的玩意儿，我仅仅在自娱自乐，沉思冥想，言辞混乱，语言在这里是奢侈清醒的代名词，我们之所以使用它，只是为了保持这个世界的富足奢华和挥霍无度，而这个世界的大门已经向我们紧闭，完全将我们摒弃在外。

哦，上帝，请将我从这个地方带走吧！

随便什么人，请带我走！

我不能再说了，我的头又开始痛了，现在头痛来得越来越频繁。不要担心，法官大人，无需传唤什么执法人员或者警卫官，没什么大不了的，只是头痛而已。按住太阳穴，大声咆哮怒吼——我实在不应该突然变得狂躁起来，但是，见鬼的，她就站在那里，玛·杰瑞本人。来吧，母亲，走到证人席来！

我到达库格朗吉时，已经是下午了。我在路口下车，注视着汽车拖着笨重的身体离去，黑黑的臃肿的屁股看上去十分滑稽可笑。引擎的声音渐渐远去，夏日令人悸动的宁静重新降临到田野上。天空仍然阴霾，然而太阳已经在某个角落露了脸，刚才那种阴暗、沉重已被温柔的浅灰色的光线所代替。我静静地站着，打量着身边的一切，惊人的熟悉感涌上心头。所有的东西都没变，那破旧的大门，通向家的小路，辽阔的牧场，橡树林，家，我终于回家了！一切都那么井然有序，仿佛等待着我的回归，只是比我记忆中的家小了点儿，仿佛是按比例缩小的模型。我笑起来，确切地说，那也不是笑，只是表达惊喜和确认的感叹。那些树木，那闪着微光的田野，那温和的柔光，在所有这些景物面前，我总觉得自己像个随时准备出发的旅人，即使到达了目的地，也时刻准备着随时离开，陡然回首，流连凝望那片远去的土地。肩上披着雨衣，手里拿着包，我慢慢地朝小路走去，姿势极像上了年纪的人，确实，作为一个浪荡子来说，我已经上了年纪，身体也没有以前那么硬朗了。突然，有条狗从树篱中蹿了出来，龇牙咧嘴，冲我咆哮。我站在那里，不敢移动，我一向不喜欢狗，眼前这个黑白相间的畜牲眼神邪恶狡诈，在我面前半圈的距离内，压低肚子，来回蹿动，不停吼叫。我将手提箱移到膝盖这里作为防护，也冲它大声咒骂，仿佛在责备一个不听话的小孩，但是发出的声音支离破碎，就像断断续续的假音。有那么一瞬间，我突然感到周围有种欢乐闹腾的气氛，树叶后面仿佛隐藏着一张张脸，目睹着这一切，放声大笑起来。这时，传来一声哨响，这个畜牲终于偃旗息鼓，呜呜哀鸣，像犯了错一样快快朝屋子走去。我的母亲正站在台阶上，开怀大笑。这时，毫无任何预兆的，太阳冲破云层钻了出来。天哪！原来是你，我还以为见了鬼呢！母亲一声惊呼。

　　我犹豫着不知道说什么好，并不是无话可说，而是，想说的实在太多，让我无从开口。我感觉自己在慢慢地向后蹒跚，突然觉得有种巨大、笨拙却又毫无分量的压力一下子紧紧攫住了我伸出的双臂。母亲对我而言是如此重要的存在，同时，又好像什么意义都没有了。我说这话时必须得十分小心，这个话题十分危险，无论我说什么，法庭上的专业心理学家总会发出了然于胸的讪笑。特别是涉及到"母亲"这个话题时，简单宽泛的陈述是不被允许的。当然，我还是会尽量做到态度诚恳，言词清晰。母亲名叫桃乐茜，但人们都习惯叫她多莉，我也不知道为什么，她根本不像洋娃娃[1]。她体型高大，精力旺盛，宽宽的脸，宛如笨拙的修补匠老婆般又厚又重的头发。如此这般描述她，并不是要对她不敬。她总是以她特殊的方式给人们留下深刻的印象，威严庄重却又不修边幅，懒懒散散。小时候，母亲给我的印象总是那么固定而疏远，轮廓清晰，眼神茫然，像古罗马女人那样美丽大方得不可思议，宛如遥远的草坪上亭亭玉立的大理石雕像。慢慢地，她变了，变得头重脚轻起来，硕大的屁股，纤细的双腿，形成了如此鲜明的对比。长大后，我曾病态地对这方面的东西感兴趣，我苦思冥想，在她裙子下，匀称的腿和粗壮的腰是如何连接起来的，这当中的差距是如何被缩短的，其中必定有什么复杂的肌体构造原理。你好，妈妈！我向她打招呼，眼睛并没有看她，而是瞥向四周寻找着其他什么东西，好让我集中注意力。我已经感到不耐烦了，她对我就是有这种影响力：只要站在她面前，过不了多久，我的心里就会升腾起恼怒和怨恨。我感到很惊讶，原本以为十年不见，重新相逢时，我们之间必然会有温情脉脉的时刻，对她，我总会怀

[1] 洋娃娃(Dolly)：英文中，多莉的人名按字面意思可以有另一种解释即"洋娃娃般的"。

上一颗作为子女的孝心，但是没有，我丝毫没有那种感觉。我就那样站着，紧缩着下巴，眼神恶毒地注视着台阶石缝中长出的一丛杂草。母亲站在台阶上，她并没有发生什么大变化。以前她那呼之欲出的丰满乳房，现在干瘪下垂了，耷拉着几乎要碰到上腹部。她长了一点小胡子，穿着松松垮垮的灯芯绒裤子和一件开襟羊毛衫，羊毛衫的口袋也是宽松下垂的。她从台阶上走下来，走到我面前，始终带着笑容。你变胖了，弗雷迪！你变胖了。然后，她伸出一只手——我发誓，我说的都是真话——一把抓住我肚子上的一块肉，开玩笑似的用手指揉捏把玩。对这个女人，我还能说什么呢？我已经三十八岁了，是成年人了，有妻子孩子，还有被地中海的阳光晒成棕色的皮肤，我继续保持着严肃和庄重，透出隐隐威胁的意味，但是这个女人，看看她又做了什么？她又拧了一把我的肚子，笑得痰都快吐出来了。我最终被抓进监狱，了却余生，现在看来一点都不奇怪，是不是？那只疯狗，看到女主人接纳了我，就悄悄贴近我，试图舔我的手，正好给了我可乘之机，我狠狠地往它的肋骨揍了一拳。这让我觉得好多了，但这种感觉不是太强烈，也没持续很久。

还有什么东西能比一个人小时候生活过的房子的气息更强烈、更能直接地引发他的联想，唤醒他的回忆呢？我想法庭必然注意到了，我在尽量避免泛泛而谈，但这真的是一种不由自主油然而生的感觉，如此自然，在识别出那种粗糙单调的褐色气味的瞬间，这种气味宛如潮水般向我涌来，这几乎也称不上是什么气味，更像是组成这个家的那些千千万万的小玩意儿发出的叹息，那些我们冥冥中熟知却无法坦然公开的小玩意儿。我走进大厅的一瞬间，仿佛无声无息地穿过了时间的长廊，内心跟跟跄跄，几乎无法言语。帽架上仍然挂着破伞，地砖仍然松散。该死的！帕奇！你给我滚出去。母亲在我身后冲那条畜牲大吼，狗叫着跑开了。这时，我的嘴里不知为何充满了苹果味，隐约觉得似乎发生了什么重大的事情，仿佛眨眼之间，身边的所有东西都匆匆被赝品所替代了，小到一粒尘埃，无一例外。我继续往前走，走进这个不真实的世界，面无表情，内心仍然保持机警，然后，仿佛听到内心深处暗暗屏住的呼吸如释重负般放松释然的声音——尽管这困难无比的小把戏并没有什么实质意义，在我身上却依然奏效。

我们来到了厨房，这里看上去就像某个庞然大物的垃圾窝。天哪，妈妈，难道你就住在这种地方？碗柜里塞满了碎布料，那种老女人才会囤积的，不知道派什么用场的破旧抹布。碗柜下面有三四双鞋子，偷偷探出脑袋，怯怯地向外窥探。其他房间的东西都被搬到了这里，父亲书房的那张小书桌，客厅的胡桃木鸡尾酒橱柜，还有那铺着天鹅绒的躺椅，躺椅的扶手已经被磨得光秃秃的了，就是在那张躺椅上，伟大的爱丽斯阿姨，那个可怕的矮小女人，在一个夏日的星期天下午，躺在上面静静地离开了人世，没有留下任何遗言。休息室里那个曾经威风凛凛的巨大收音机，现在也垂垂老矣，斜靠在洗涤池边的滴水板上，仿佛喝醉了酒似的，只能浅唱低吟给自己听了，那绿色的脉冲调钮就像一只绿色的眼睛，幽幽地跳动着。这个地方实在太脏了！桌上摊着一本分类账本，污迹斑斑的盆子和没有清洗的茶杯间散落着账单和其他什么杂物。她倒还一直记着账。我寻思着，是否要直截了当地告诉她，我来是为了——钱。算了，再让我好好想想有什么更加委婉的说法。母亲似乎隐约察觉到我心里在盘算什么，她的目光转向了那些账单，又重新看向我，非常滑稽可笑。我离开她，来到窗前。草地上，有个健壮结实、穿着马裤的女孩，正试图把几匹康尼马拉马[1]赶成一圈。我隐约记得母亲曾在信中提过，她正在这些动物身上做些小投资。她不常写信，仅有的几封信也是错字百出。她走过来，站在我身边，我们静静地看着那些马，马儿们步履沉重地绕着圈子。丑陋的畜牲们！她欢快地说道。从我来到这里后心中就升腾起的烦躁，现在变成了一种什么都无所谓的感觉，我总能轻易地变得倦怠和漠然。这种精神状态，或者说这种力量，并没有得到诸如人类学家或其他学者的足够的注意。我愿意做任何事来逃避这种

---

[1] 康尼马拉马：原产于爱尔兰康尼马拉地区的一种小型马，性情温顺，可供成人和儿童骑乘，又可用于障碍赛马和马戏表演。

情绪的滋长——任何事！母亲正在谈论她的那些客户——我告诉你，弗雷迪，他们已经接手了这个该死的地方。他们买马，作为宠物送给他们那些被宠坏的子女们。当然，母亲也非常愉快地承认，她出的那些价可都是天价。那些人都是疯子，母亲说道。我们哈哈大笑起来，不久又陷入了茫然的沉默。草地上阳光照耀，曝晒的山毛榉上，一朵白云慢悠悠地舒展飘荡着。多么奇怪的经历！我就这样站着，手插在口袋里，郁郁寡欢，无聊而烦躁，与此同时，内心深处又涌起了几乎无法察觉的悲伤，这种悲伤就像传说中稀有的纯净灵液，泛着银光，一滴一滴，滴在我的心头。

　　母亲坚持让我参观整个屋子。毕竟，她说，这里所有的一切最后都是你的。说这句话时，她又咯咯笑起来，我以前从未发现她也会如此幽默有趣，她的笑声中带着放纵和任性的味道。这多少浇熄了一些我的热情，在我看来她这种表现并不得体。她点燃一根烟，左手抓着烟盒和火柴，带着我在房子里四处转悠，我就在她一路吞云吐雾中，跟随着她的脚步。房子已经开始老化腐朽了，有些地方坏得很厉害，如此急速的腐坏，母亲自己也被吓了一大跳。她在那边不停地絮絮叨叨，我迟钝麻木地点着头，注视着那潮湿的墙壁和日益下沉的地板，还有那崩塌的窗框。我以前房间里的床早已坏了，床垫中间甚至长出了什么东西。从窗口望出去——那些树木，有点坡度的田野，红色屋顶的谷仓，都像幻觉一样真实而熟悉。这是我亲手制作的碗橱，一瞬间，我仿佛又看到了当初那个小男孩，紧皱着眉头，手里握着钝钝的锯子，锯动着那张三合板。一想到这幅画面，我的内心就充满悲伤，摇摆不定，似乎那不是记忆中的自己，而是我那可爱脆弱的儿子在过去的回忆中和我的影像合而为一。当我转过身时，母亲已经离开了房间，她站在楼梯上，眼神看上去有点奇怪。她重新迈开脚步。你应该看看马场，马厩，还有那些橡树，母亲坚持。她已经下了决心，要让我看到所有的东西，一切！

　　出了房子，我的情绪变得有点高涨。夏日的空气是如此柔和，令人心旷神怡。在南方的天空下，我已经被烈日曝晒太久了。瞧瞧那些树，

41

那些永远耐心、默默忍受的生灵，静静地，窘迫地，站在那里，它们悲伤的眼神故意避开我们。那只叫帕奇的狗出现在我们面前——我已经预料到自己会被这只小畜牲紧紧黏住——它的眼睛疯狂地转动着，身体扭来扭去，悄悄地跟在我们身后，跨过草坪。我们逐步靠近，那个马厩女孩却不敢正视我们，眼睛看着别的地方，仿佛随时会被吓得拔腿就逃。她叫琼，或是简，诸如此类的名字。丰满的乳房，肥硕的屁股——显然，母亲对这点会感到非常亲切，因为她就是这样的典范。当我和她说话时，这个可怜的女孩脸涨得通红，紧缩着她那粗糙的小爪子，仿佛害怕我会冲上前去握住似的。我向她展露了我那特别的、缓慢的、温和的笑容，在她的眼睛里看到了自己：个子高高的、晒得黑黑的大块头，穿着亚麻衣服，在夏日的草地上，斜倚在她的身旁，嘟哝着黑暗晦涩、不知所云的话题。"汀克，快走开！"她突然冲那匹领头马叫喊着。那匹马身形矮小，一副发育不良的样子，眼神却凶猛好斗，不断用力地向我冲撞。我将手掌放在它的肚子上，试图赶走它。但是，手下那坚实真切的触感，那粗糙干枯的皮肤，那紧致但缺乏弹性的肌肉，那滚烫的血液温度，都让我吓了一跳。我像被突然电到了那样，迅速甩开手，仓皇后退几步。突然，我感到一种明显的反胃感觉，不是看到钉在墙壁上的美女照片的感觉，而是另外一种苍白的、松懈的、柔软的感觉。我感到自己的脚趾，肛门，胯部，都紧紧地绷着，蓄势待发。我觉得异常羞愧，不知道如何解释这种情况。也许我能解释，但我不想解释。这时，狗突然大叫起来，猛冲向马蹄，马的鼻子喷着热气，来回甩动着嘴巴，紧咬着牙齿，发出警告。母亲狠狠地踢了狗一脚，琼把马头用力拖拉到旁边。狗大声哀嚎起来，所有的马都纷纷嘶鸣起来。多么喧闹纷乱的景象！一切到最后都变成了一出闹剧。我突然想起我还宿醉未醒，我还是得去喝几杯。

先喝杜松子酒，然后是劣质的雪利酒，最后是几大杯储藏室里父亲仅剩的上好波尔多葡萄酒。当我走下地窖拿其他红葡萄酒时，已经喝得半醉不醒了。我坐在阴暗的木板箱上，鼻翼翕动，呼出的热气中也带着杜松子酒的麝香味。一束阳光，从头顶上结满蜘蛛网的窗户中投射下来，阳光中可以看到粉尘在翻腾舞动。周围的一切都蒙上了阴影——破碎的摇木马，老旧的自行车，还有一包古董网球拍——它们的轮廓变得模糊起来，颜色淡去，逐渐消失。这个地方就像某个铁路小站，一个人的过去在这里稍作停留，然后开始逐渐湮灭。我笑起来，大声咒骂：老杂种！静默的空气里响起我的声音，沉闷得像是在敲击捂住的玻璃杯。父亲去世前的几个月，经常到这里来。父亲一生精力旺盛，勇猛好斗，但是，那时候，他已经变成了一个懒散的人。母亲常常让我跟着下来，看着父亲，以防他发生什么不测——母亲微妙地暗示。父亲那时就在角落里磨磨蹭蹭，找寻摆弄着什么东西，或者就呆呆站在那里，以奇怪的角度倾斜着，眼神茫然，面无表情。当我和他说话时，他会迅速作出反应，冲我发火，好像在做什么可耻的勾当，被我当场捉住一样。但这些情绪的迸发也非常短暂，过不了多久，他又会陷入那种神志不清的迷糊状态。父亲似乎并不是死于疾病，而是死于一种彻底的精神涣散：一天，正当他专心致志、热火朝天地专注于某事时，突然有什么其他东西引起了他的注意，仿佛冲破黑暗在向他召唤，父亲被它吸引住了，转过身向它走去，带着梦游般痛苦、迷惑的专注神情。我那时二十二三岁，父亲漫长的死亡过程同样让我感到筋疲力尽，极为恼怒。当然我也同情他，但同情对我来说，只是一种可以让自己接受的形式，驱策自己给弱小者一次有力的握手罢了。慢慢地，他整个身体开始萎缩，脖子变得松松垮垮，仿佛里面的弦突然断了，那摇摇摆摆的脖子，好像乌龟的脖子般纤细，衬衫的领口显得格外宽大。事实上，每样东西对他来说都已经太大了，衣服似乎比他的身体还重，衣服下的肉体仿佛都在嘎吱作响。他瞪着黯淡无光的眼睛，仿佛着了魔似的。那个时候还是夏天，但他的眼睛几乎已经看不到光线了，他更愿意呆在这里，这个长满青苔、半明半暗的地方，置身在浓重的阴影中。

我费力地弯下腰，从脚边捡起几个积满灰尘的瓶子，抱着它们，跌跌撞撞地爬上潮湿的石头台阶。

然而后来，父亲却是在楼上去世的，在前面那间大卧室里，那间最富艺术气息的房间里，悄然离世。那个星期非常炎热，他们把窗户全部打开，父亲要求他们把他的床移到阳台上，直到床脚正正好好探出阳台。他把床单扔在后面，袒露着瘦弱的胸膛，让自己完全沉浸在阳光和天空下，在夏日金色炫目的阳光和蔚蓝的天空下，他慢慢地死去。他的双手，他急促的呼吸，他——

够了。我只是在讲述我的母亲，而不是父亲。

我把酒瓶放在桌上，用手拂去上面的灰尘和蛛网。这时，母亲突然告诉我说，她已经戒酒了。这真是太奇怪了——要是以前，她早就迫不及待地把酒喝光光。我看着她，她只是耸了耸肩，避开我的目光。医生的嘱咐。我用一种全新的目光打量着她，她的左眼看上去有点问题，左边嘴角有点下垂。我突然回想起，她在带我参观房间时，左手拿烟盒和火柴的奇怪姿势。她又耸耸肩。去年，轻微中风了一次。命运似乎和她开了个善意却又笨拙的玩笑，本想嬉戏逗趣般地打她一拳，没想到不小心伤到了她。她又用斜斜的目光看着我，给了我一个少女般忧郁而短暂的微笑。她肯定在表白什么，曾经犯下的小过失，微不足道却让人难堪。很遗憾听到这个坏消息，不过现在都过去了。我劝她不必理会医生那该死的警告，喝一点酒。她似乎没在听我说话。这时，更加让人惊讶的事情发生了。那个女孩，琼或吉恩[1]——算了，我就叫她简吧，突然从房间里奔出来，一脸悲痛，笨拙地用一只手环住母亲的脑袋，那姿势几乎像是在摔跤，另一只手放在母亲的眉毛旁边。我原本以为母亲会一把推开她，大声叱责让她滚开，但母亲并没有这么做，她只是站在那里，平静地享受着简的拥抱，还是用那种微笑，静静地注视着我。我惊讶地瞪着她，拿着酒瓶的手就这样悬在酒杯上面。这一切真是太诡异

---

[1] 英文女名：琼（Joan），吉恩（Jean）是乔安娜（Joanna）的异体，乔安娜（Joanna）又是琼（Joan）的异体。简（Jane）也是琼（Joan）的异体。所以这些女名听上去都有些相似。

了！简丰满的臀部紧贴着母亲的肩膀，突然让我联想起了草地上那匹顶撞我的小马，那种顽固、执著、野蛮的凝视。房间里突然一片寂静，谁也没说话。简的目光遇到了我的凝视，仿佛被烫到了一样躲闪回避开，她尴尬地抽回手，匆匆坐了下来。这里我有一个问题：有足够的理由相信，人类是种呕心、疯狂的动物，但我们又如何来解释这些充满善意关爱、自然流露的小动作呢？您想过这个问题吗，法官大人，您想过我们这些人——请允许我暂时挤入你们的行列，把我们当成同一类人——是否失去了某些重要的东西，一种普遍存在的东西，一种放之四海皆准的法则，浅显直白，但从未有任何人提及过它？朋友们，我知识丰富的朋友们都清楚这是什么，这是他们之间亲密友谊的象征。任何地方都可以看到这些人的身影，他们人数众多，内心悲伤，似乎掌握了某个秘密。他们站在法庭上的律师席那里，淡淡的微笑中混合着同情、怜悯和嘲讽，不发一言地看着我们——那种微笑，就像我母亲现在的微笑一样。她展开臂弯，轻拍简的手，告诉她不用介意我的存在。我凝视着她们。我到底做了什么？简坐在座位上，盯着面前的盘子，摸索着刀叉。她的脸颊仿佛着了火似的涨得通红，几乎能够听到它们燃烧的嘶嘶声。只是看她一眼就值得这么大惊小怪吗？我叹了口气，我真是个可怜的吃人恶魔！我吞下一个马铃薯，它还没有完全煮透，里面都是白的，味同嚼蜡。我又喝了更多的酒。

弗雷迪，你心情又不好了？母亲问我。

我有没有提到过我的坏心情？我的心被黑暗笼罩着，一片漆黑，仿佛世界一瞬间变得天昏地暗起来，甚至连空气也突然被污染了那样。当我还是孩子的时候，沮丧消沉的抑郁情绪就吓坏了所有人。心情又不好了？他们会说，然后不安地咯咯笑起来，远远躲着我。在学校里，我也是个让人感到害怕的家伙——不，我还是不要说起学校的事吧。我注意到，母亲对我这种坏情绪已经习以为常，根本不放在心上了。她那下垂的嘴角露出的微笑，现在已经变成了嘲讽。我在镇上看到查理了，我说。噢，是他。她摇着头，大笑起来。我点点头。可怜的查理，他就是那种人，人们提到他时，总是说：噢，是他，然后付之一笑。又一阵沉默。我到底为了什么回到这里？我重新开了一瓶酒，两个膝盖夹着它，摇摇晃晃，嘟嘟囔囔地拔着软木塞。砰的一声！酒瓶打开了。外面的草地上，白天炙热的阳光慢慢隐去。母亲正在问我达芙妮和孩子的近况。一想到他们，我的内心就发出了巨大的呜咽之声，悲伤中带着一丝可笑，在心底升腾膨胀。简——不，我不能这么叫她，这不太妥当——琼收拾干净桌子，母亲做了许多菜，甚至还准备了一瓶葡萄酒。她把酒瓶从桌子那头推到我这里，你不会让我们把它收回去吧，她说着，始终带着那种笑。你可以认为我真的是个非常守旧、传统的老男人，我突然急不可待地向她倾诉起我经济上遇到的困难，但言词混乱，表达不清，不得不停顿下来。她似乎也没有在听我倾诉，只是坐在那里，半边脸迎向从窗户射进来的钱币大小的光，眼角充满眼眵，显得特别苍老，那宽宽的眉骨和尖尖的颧骨，这些都是她荷兰祖先的特征——荷兰亲王威廉的忠实追随者。妈妈，你应该再去搞条飞边[1]和蕾丝帽。我大声笑起来，随即又皱起了眉头。我的脸渐渐失去知觉，变得麻木起来。琼小心地问我要不要来杯咖啡。不，谢谢，亲爱的。我郑重地回答，带着贵族般的腔调，指了指我的酒杯，不知为何酒杯已经空了。我又倒了一杯，酒瓶在握，让我有种踏实感。时间慢慢流逝，黄昏来临。小鸟的叫声划破蓝灰色的天空。我呆呆地坐着，身体直挺挺的，在欢快的苦恼中，聆听着它们的啁啾，随即鼻子喷出一口气，轻叹一声，从发呆的状态中清醒过来，撅着嘴眨着眼，环顾四周。母亲和简早已离开。

　　父亲是在晚上过世的。房间里仍然弥漫着悠长夏日的阳光，我坐在敞开的窗边，就在他的病床旁，握着他的手，他的手像涂了蜡一样苍白，摸上去毫无质感。窗外，夏日草木的气息是那么轻快，明亮，带点淡淡的蓝色，仿佛孩提时无忧无虑的湛蓝天空。我伸出臂膀拥住父亲，手抚着他的额头。他对我说：不要太介意她。他对我说——

　　够了，我不能再说了。我当时根本没在他身边，也从未目睹过任何

---

[1] 飞边：衣服上宽而硬的皱领，16世纪时尤为流行。

人的死亡。他孤独死去，无人相伴，就这样撒手人寰，把我们抛下。我从城里赶回家时，他们已将他捆绑好，准备入棺。他躺在床上，双手交叠于胸，像乖孩子般紧闭双眼，额前头发梳得纹丝不乱。我清楚记得，他的耳朵显得异常苍白。那些愤怒和仇恨，那些三心二意的激情和活力都不可思议地消失了。永远地消失了。

我喝完杯中剩下的酒，踉踉跄跄爬上楼梯，膝盖不住颤栗，仿佛驮了具尸体。电灯开关好像都被拆光了，黑暗中，我一路不断撞到什么东西，骂骂咧咧，放肆大笑。突然，我发现自己走错了路，来到了乔安妮[1]的房间。（对，我终于记起了她的名字：乔安妮！）她肯定没有入睡，侧耳聆听着我的四处晃荡。她开灯时，我几乎已经完全把门打开了。我站在门槛上摇摇欲坠，瞪大眼睛看着她。她躺在一张深深塌陷的大床中，被子拉到下巴，不知为何，我敢打赌她现在依然穿着马裤和松垮的套衫，当然还有马靴。她什么话都不说，惊恐而勉强地笑着。我突然兴起疯狂的念头，想穿着鞋爬到她的床上，躺在她的身旁，然后，她会将我晕乎乎的脑袋拥入她丰满舒适的臂弯中。灯光下，她的头发散发出不可思议的火焰般的红色光泽，这种光泽印在枕头上，几乎让我泫然而泣。只是，这个疯狂的念头并没有持续太久，我郑重地点了下头，悄悄地离开了她的房间，像一个正在慢慢消失的灰色老幽灵，小心翼翼、步履沉重地跨过楼梯中间的平台来到为我准备的房间。床已经铺好了。我突然发现，酒瓶不知道被我随便扔到哪里去了。

我坐在床沿上，两条胳膊就在膝盖间摇摆，突然间觉得筋疲力尽。脑袋嗡嗡作响，眼睛火烧似的发烫，无法躺下来入睡，就像在外面疯玩了一天回到家的孩子，我已经在外漂泊太久了。我慢慢松开鞋带，动作像在水里一样缓慢。一只鞋子掉了下来，然后——

[1] 乔安妮(Joanne)也是乔安娜(Joanna)的异体。

早上醒来的感觉糟透了，耳朵里警铃大作，脑袋仿佛爆炸了一样。我做了个关于肉的梦。梦里有光亮，但我不能确定是清晨还是黄昏。四处都是一片灰色。我不知道自己在哪里，即使当我后来意识到是在库格朗吉时，我也一下子没认出是在谁的房间里。房间很大很高，宽宽的落地窗；也很简陋，有种奇奇怪怪的感觉，让人浑身不舒服，仿佛它知道自己曾经是个非常重要的地方。我从床上小心地爬起来，走到窗边，看着下面的草坪。草地灰暗一片，树下有鸽子颜色的阴影。脑中砰的一声，我突然记起了梦中场景：那肯定是黎明时分，橡树林中，空气清冷，孤独的小鸟重复着单调的啼叫，仿佛在用声音测试渐渐开始明亮起来的天空。我将额头抵向窗玻璃，玻璃湿冷的触感让我浑身一颤。毫无疑问，这个星期的大部分时间我都花在了旅途上，吃得少，喝得多，现在所有这些后遗症都接踵而至，向我袭来。我感到恶心，浑身黏腻，整个人像被榨干了似的。眼皮滚烫，满口苦涩。整个花园仿佛都在观察我，鬼鬼祟祟，不发一言，如果不是真的在观察我，它也必然已经意识到了我的存在。我堵在窗前，双手紧握，惊恐地望着外面——过去的岁月中，有过多少次这样的情形！房间压抑的黑暗在我的身后，我就在它的阴影里望着窗外。昨晚，我是和衣而睡的。

　　关于那个梦。（法庭肯定需要听听我做的梦。）梦毫无预兆地降临，梦里也没特别的事情发生。我的梦境并不存在其他人喜爱的各种纷繁复杂事件的混乱交织，我的梦只是某种情绪状态，或者说心情感觉，异常荒谬，是情感的激烈迸发，伴随着极端的肉体反应：痛哭流涕，捶胸顿足，咬牙切齿，大哭大笑。这次的梦境完全是一种干呕反胃的感觉，喉咙里的剧痛让我从梦中惊醒。我梦到：自己正在啃啮某种动物被撕扯下来的胸肌肉，也许就是人类的肉。那块肉看上去半生不熟，软软的，白白的，吃在嘴里几乎没有热气，仿佛牛羊腰肾部的硬脂肪油一样，让我反胃恶心。相信我，法官大人，我只叙述法庭希望听到的部分，其他的我自己都不愿回想。后面发生的事情让我更加恐惧。我在那里，嘴里塞满了这些可怕的肉，睡觉时，胃部依然鼓鼓胀胀的。这就是梦境的所有内容，除了一点我没提到，我总感觉到一种潜在的压迫，一种正在犯罪的可怕愉悦感。等一下，我想把它说得更明白些，它具有重要的意义，虽然我也不知道为什么。某个不知名的权威人士命令我做这件可怕的事情，当我在那里流着口水吸吮着，啃啮着，他就交叉着双臂严肃地站在我前面，除了——也许，甚至，正因为如此——除了深深的恐怖和反胃之外，我的内心好像还有什么东西在欢欣鼓舞。

顺便说一句，浏览字典，我会惊讶地发现在形容"坏"时，我们的语言是如此贫乏。邪恶，不道德，危害，这些词语只是中介，反映了一种意识或者说一种想要做坏事的主观动机。它们没有反映出在惰性状态、中立状态、自我持续状态三个不同状态下"坏"的不同特征。还有一些表示"坏"的形容词：可怕的，可憎的，恶劣的，可耻的，诸如此类，不胜枚举。与其说它们是描述性的词语还不如说它们是判断性的词语，其中带着责难和恐吓的色彩。这种发现难道不是很奇怪吗？这个问题常常让我深思。我问自己是否"坏"本身并不存在，这些含糊不清、毫不精确的词汇只是一种阴谋，只是为了刻意掩饰那种本来就不存在的东西，或者说，之所以创造出这些词汇，只是为了让"坏"看上去是客观存在的？或者，确实存在着某些东西，但却是这些词汇创造出来的。这种玄乎的想法让我头昏眼花，好像整个世界突然裂开了一个大洞。我到底在说些什么？对了，我想起来，我是在说我的梦。这个梦反复出现，梦里——算了，下次有时间再说吧。

我站在窗边，站在父母以前的卧室里。我终于意识到，以前这个房间是他们的卧室。黎明时分灰色的天空中已经出现了苍白的阳光。昨晚的葡萄酒酒精仍然让我觉得口干舌燥。房间，屋子，花园，田野，所有这些都是那么陌生，今天的我竟然都无法辨认——如此陌生，就像梦里出现的事物。我就这样呆呆地傻站着，衣服皱成一团，头痛欲裂，口气浑浊，睁大了眼睛却还未完全清醒，带着得了失忆症般的麻木愕然，愣愣地注视着阳光下花园里的小径。是不是也可以说，我总是或多或少带着那种表情？当我突然想到这点时，我才意识到，其实自己的大半生都是在这样一种状态中度过的，陷在半梦半醒的泥潭中，分不清虚幻梦境和现实世界。记忆中那些地方，那些瞬间，那些事件，都是孤立静止的，我都不确定它们是否真的发生过。但是，那天清晨看到的所有场景都留在了我的记忆深处，比我现在身边的真实世界还要生动逼真，充满活力。那个农舍走廊，小的时候，我曾经到过那里去买苹果。那鲜红色的、被磨得光光的石头地板，可以闻到地板蜡的味道。罐子里种着多节瘤的天竺葵。巨大的摆钟那根分针不知道藏匿何处。幽暗的房子里农妇在说话，问着某人某事。我能感觉到身边所有田野的气息，田野上的光，那悠长的夏日白昼。我现在就站在曾经呆过的地方，仿佛以前从未来过库格朗吉，也从未去过其他任何地方，今后也不会去。记忆中那些场景中的我并不是真正的我，或者说，我生命中的某个重要部分并没有出现在那里，那天我去田野间的农舍，去农妇那里买苹果。可是，那都不是完整的我，我永远不能全然属于某个地方，全身心地相伴别人左右，这才是真正的我，从来就是。从小时候开始，我就像个旅人，行程紧凑匆忙，而我却被耽搁在了半路上。生活就像无意识的等待，我在站台上徘徊，等待着列车的到来。人们站在我身前，挡住了我的视线，我不得不奋力伸长脖子，才能透过他们的空隙看到前方。对，这就是我。

我从楼上走下来，穿过寂静的屋子，来到厨房。早晨的阳光中，厨房散发着清洗过的、焕然一新的热切气味。我小心翼翼地移动着，唯恐惊动这种充满了秘密期待的氛围，就像新手参加某个盛大庄重的仪式，突然置身于聚光灯下一般。狗躺在炉子旁边又脏又破的地毯上，口鼻部分埋在爪子里，打量着我，每只眼睛里都有新月形的眼白。我沏了一壶茶，在桌边落座，等着茶叶泡开，这时乔安妮走了进来。她穿一件鼠灰色的晨衣，腹部紧紧系着腰带。头发在后面梳得整整齐齐，绑成厚厚的马尾辫，非常显眼夺目，是那种春天特有的闪耀的赤褐色光泽。我脑中突然联想到她在其他地方偷偷打扮的画面，这已经不是第一次了，为此我感到羞耻，仿佛利用了这个可怜的孩子。看到我，她有点犹豫却步，一副随时准备逃跑的样子。我友善地拿起茶壶，邀请她一起喝茶。她关上门，缓缓地走过来，脸上带着惊慌的微笑，隔着桌子，她从碗柜里拿出茶杯和茶托。她有着粉红色的脚后跟，小腿白皙粗壮。我猜她十七岁左右。透过宿醉的迷雾，我突然想到她肯定清楚我母亲现在的经济状况——例如，那些马到底赚不赚钱。我原本想给她一个充满鼓励的孩子般的微笑，但我怀疑效果只会是失败的暗送秋波。我请她坐下，我们必须谈谈。我想，这茶，肯定不是为我准备的，肯定是为你母亲准备的吧，她开口。为我母亲准备的，想都别想。我刚想这么说时，母亲就出现了。手里捧着茶托，局促不安地笑着，眼睛盯住茶杯里晃动的液体。

当她离开后，我又愁眉苦脸地在房子里转了一圈，找寻昨天在桌上看到的那些账单、分类账本还有支票本存根，但是什么也没找到。从父亲书房里搬来的小办公桌的一个抽屉被锁上了。我考虑是不是用蛮力打开它，后来还是控制住了自己：如果我仍然宿醉未醒，心情糟糕的话，早就把所有的东西都砸得粉碎了。

手里捧着茶杯，我穿过一个个房间。画室的地毯已经被掀了起来，一块窗玻璃碎了，碎玻璃散落在地上。我注意到自己没有穿鞋。打开花园的门，我就这样穿着袜子走了出来，丝绸般柔滑的空气中弥漫着青草的味道，那种阳光下的草地才会发出的温暖气息，混合着浓烈的粪便气味。房子的黑影投射在草地上，就像倒塌的舞台。在柔软的草地上，我小心翼翼地迈出一两步，露水渗透进了袜子，湿了整个脚趾。我觉得自己就像个年事已高的老人，颤颤巍巍捧着茶杯，茶杯发出咯咯的响声，湿透的裤管皱巴巴地粘在脚踝这里。窗户下的花床已经很久无人打理，荆棘在基石上肆意生长纠结。凋谢的玫瑰耷拉在枯枝上，沉重得仿佛盖了层衣服。玫瑰渐渐淡去的粉色，四周景物整体明暗的对比，让我突然想到了什么。我停下来，皱起眉头。当然是那些画。我重新回到画室里，画室的墙上空空如也，徒留几处壁纸，颜色还没有完全褪去。当然，她不会——？我小心地把茶杯放在壁炉架上，长长地吸了口气。母狗！我大声喊出来，她就是只母狗！我的脚在身后的地板上留下湿湿的带着蛛网的脚印。

我重新在一个个房间里穿梭，逡巡着墙壁，随即又奔回楼上，但是我知道，楼上也不会有什么发现。我站在一楼到二楼的楼梯平台上，喘着粗气，大骂出声。不远处传来窃窃私语，我飞奔而去猛地撞开那扇房门。母亲和乔安妮肩并肩坐在乔安妮的大床上。她们惊讶地看着我，一瞬间我有点站立不稳，仿佛有什么想法突然拂过我的意识，一种难以置信的怀疑蓦地袭上心头。母亲穿一件针织黄色短外套，泡泡袖，系着小小的缎子蝴蝶结，看上去就像一只巨大丑陋的复活节烤鸡。那些画，那些画在什么地方？我以自己都吃惊的平静语气问她。回答我的只是可笑的饶舌。什么？什么？我终于喊叫出来：那些画！该死的，那些画！喊到最后，我们两个都不得不同时闭嘴。乔安妮盯着我们，眼神在我们两个之间来回移动，像网球比赛中的裁判。她用手捂住嘴巴，笑出声来。我瞪了她一眼，她的脸刷地红了。短暂的沉默。我在楼下等你，母亲。我的声音冷淡生硬，宛如冰块在吱吱作响。

我走出房门时，似乎听到了她们的吃吃窃笑。

母亲赤脚走进厨房，肿胀的大脚趾和焦黄的脚指甲，让我感到深深的厌恶。她穿着不合时宜、短短的丝质茶礼服，这种衣服通常只有在参加茶会时才会穿。她面色红润，看上去就像罗特列克[1]笔下那些堕落的

---

[1] 罗特列克(Henri de Toulouse-Lautrec, 1864-1901)：法国贵族，后印象派画家，擅长人物画，对象多为巴黎蒙马特一带的舞者、女伶、妓女等中下阶层人物，有"蒙马特之魂"之称。其写实、深刻的绘画不但具有针砭现实的意涵，也影响了日后毕加索等人的人物画风格。罗特列克还是近代海报设计与石版画艺术的先驱。

情妇。我尽量控制自己，不要过分流露这种厌恶之情。她一脸漫不经心地在厨房里磨磨蹭蹭，故意忽视我的存在。那个——我开口，她只是勉强抬了抬眉毛，什么那个？自鸣得意、令人生厌的假笑。你知道是什么！我大叫起来，挥舞拳头，跺着脚，激动得不能自己。那些画呢？在哪里？你把那些画怎么了？我一定要知道。那些画是属于我的，是我的财产，我的将来，我儿子的将来。强烈的愤怒之情已经完全控制了我，彻底占据我的整个思维，几乎让我破涕大哭起来。我觉得自己真是太不幸了。母亲一手搁在臀部，转过头，嘲讽的眼神凝视着我，任由我在那儿撒泼。当我停下来喘气时，她便开始数落起来。一定要知道，你有什么权利一定要知道？是谁远走他乡，抛弃了他的母亲，即便他的母亲刚刚失去了丈夫？是谁偷偷去了美国，结了婚，却从没有告诉过她？是谁从没有带她的孙子来探望过她？过去十年里，是谁像个笨拙的白铁匠一样，满世界疯跑，到处修修补补，从来不做什么正经事，挥霍光了他父亲所剩无几的那些钱，榨干了他所有的遗产——你现在还有什么权利在这里提什么要求？她停顿下来，仿佛真的在期待听到什么答复。我后退一步，呵！我忘了如果她较真起来可不是那么容易对付的。我抖擞精神，重新向她发起另一波攻击，她也顽强地和我展开搏斗，双方势均力敌。就像以前那些日子，大吵大闹，大吵大闹！如此激动人心，甚至连那条狗畜牲都加入了，咆哮呼喊，抬起前爪蹿来蹿去，直到母亲揍了它一下，命令它乖乖趴下，它才偃旗息鼓。我骂她母狗，她骂我杂种。如果我是杂种的话，也是你把我生出来的，你也不是什么好东西。母亲立刻反唇相讥，如果我是母狗的话，你就是母狗生出来的，你也不是什么好货色，你这个杂种！精彩，真是太精彩了。我们就像两个愤怒的野孩子——不，也不是野孩子，而是巨大癫狂的原始生物——类似乳齿象这种动物，在杂草丛生、藤蔓交织的原始森林里，撕扯着，扭打着。周围的空气也变得剑拔弩张起来，充满了浓重的血腥味，树丛中那些小动物都被这种景象吓坏了，抖抖索索地躲在树下，恐惧敬畏的目光出神地盯着我们。筋疲力尽的最后，我们终于挣脱了交缠的利齿，兀自分开。我双手捧着隆隆作响的脑袋站在一边，母亲立在水槽旁，扶着一根水管，注视着窗外，胸膛剧烈起伏。彼此都能听见急促的呼吸声。楼上的抽水马桶突然传来抽水声，短暂的噪音，仿佛乔安妮在巧妙地提醒我们她的存在。母亲叹了口气。她终于说出她把画都卖给了宾基·贝伦斯。我点点头，当然，又是贝伦斯。所有的画都卖了？她没有回答。时间一分一秒流逝。她又叹了口气，你父亲死后，你拿走了所有的钱，留给我的都是债务，说完，她又突然大笑起来。我早该知道嫁给爱尔兰佬会有什么后果，她说，早知如此何必当初，她看着我，耸了耸肩。上帝啊，现在轮到我叹气了，上帝啊！

事件中的种种巧合往往会在法庭陈词中变得索然无味——法官大人，这么多年来，您肯定也注意到了——这些巧合就像本该非常好笑，但谁都没有笑的冷笑话一样。即使是那些最耸人听闻的罪行，人们也只是习惯于平心静气地倾听；每当陈述细节时，人们就开始坐立不安了，律师清着喉咙，记者们梦幻般的眼神转到了天花板的线脚上。在我看来，与其说这是怀疑的象征，还不如说是困窘的表现。所有这些精彩奇妙的巧合后面似乎都有一个秘密操纵者，迄今为止他的一切安排从未有过任何失误，突然这次做得过火了点——聪明反被聪明误。因此我们都感到失望，甚至还有点悲伤难过。

例如，在我这起案件中，画会反复出现——我对这点巧合感到异常惊讶。我的父母是通过艺术认识赫尔穆特·贝伦斯的——当然，也说不上是什么艺术，而是某些艺术收藏品。我父亲把自己想象成艺术收藏家，我曾提到过这点，不是吗？当然，他一点都不关心作品本身的价值，他关心的只是它们的商业价值，它们值多少钱。他利用自己优秀骑师和旧式浪荡公子哥儿的名称，悄然进入了那些行动不便的陌生人家里，在那些人家的墙上，那些有着三四十年历史的墙上，他发现了某些山水画，静物写生，或者某幅散发着烟熏味的斜眼祖先的人物肖像，这些东西如今或许还能值几先令。他在这些画的购置时间估算上具有非常微妙的直觉，往往只比画作拥有者的继承人领先一步。我想象着他，站在某张四根帐杆的病床旁，微弱的烛光下，气喘吁吁——他刚刚从楼梯奔上来，他弯下腰，匆忙草率地把一张五元纸币塞进那只因为中风而颤抖不停、薄得像纸一样的手中。他收藏了很多垃圾，只有几幅画我认为还不是太糟，能值几个钱。他的大部分收藏都是从那个心不在焉的老妇人那里骗过来的，他的父亲曾在老妇人年轻时献过殷勤。他对这种欺骗行为感到非常自豪，在我看来，他因此把自己想象成：拥有和他崇拜的艺术品掠夺大亨们同样地位的英雄人物，那些大亨们就是古根海姆家族[1]和皮耶彭·摩根[2]家族，当然还有贝伦斯家族。也许正是这些画才促成了父亲和赫尔穆特·贝伦斯的见面。也许他们两个就在老妇人临终的病床前，怒目圆睁，咬牙切齿，扭打撕扯，争夺这些画。也是通过画，我遇到了安娜·贝伦斯——或者说，再次遇到了她。我们年轻时，就彼此见过面。我记得有次在白水，我在外面的操场上和她嬉戏。嬉戏！真是个好词。那个时候，她已经拥有那种超然的气质，冷淡、疏远的调侃之情，在她面前，我感到局促不安。后来在都柏林，她也会不时出现在学生们喝酒喧哗的场合，她从来只是从人群中悄悄穿过，泰然自若，沉默不语，温婉大方。当然，她那时候就被戏称为"冰雪女王"。后来，我就再也没见过她，渐渐地她就淡出了我的记忆，直到那天在柏克莱[3]——这也是巧合开始的地方——夏塔克大街的画廊中我又一次看到了她。我不知道她也在美国，当然这没什么好奇怪的。这也是安娜的特点之一，无论她到哪个地方，都能很好地融入其中。我站在大街上，注视

---

[1] 古根海姆（Guggenheim）：古根海姆家族是犹太人，后移民美国。家族中所罗门（Solomon Robert Guggenheim 1861–1949）以收藏现代艺术品著称，1937 年成立"古根海姆基金"（全名为"Solomon Robert Guggenheim Foundation"），在纽约建立展示现代视觉艺术的博物馆。家族中的佩琪（Peggy Guggenheim，1898–1979）也是现代艺术品的收藏家和赞助人，利用战时欧洲经济不景气及纳粹兴起引发的恐慌及逃亡，艺术品市场萧条之际，廉价地大量收购许多当代艺术精品，成为现代艺术的主要收藏家，是创设纽约古根海姆博物馆的基础。

[2] 皮耶彭·摩根（Pierpont Morgan）：JP 摩根（J.P.Morgan Chase）是美国著名银行。JP 摩根的创始人约翰（John Pierpont Morgan，1837–1913）本身就是收藏家。JP 摩根是最早从事当代艺术收藏的美国银行，1959 年至今这方面的收藏达到了 3 万件。JP 摩根还赞助纽约当代美术馆（MoMA）在曼哈顿的扩建等等。

[3] 柏克莱：柏克莱市，美国著名的大学城。夏塔克大街：柏克莱市内一条著名的街道。

了她一会儿——我想应该是在仰慕她。画廊是个很大很高的白色房间，有一扇玻璃门。她倚在桌前，拿着一叠纸，专注地阅读着。她穿着白裙，梳着复杂的发型，一根粗辫子垂在肩上，头发在阳光下泛着银光。她本身也可算是展览的一部分，在阳光反射的玻璃后，在长长的看不到影子的阳光下，她就那样静静地伫立着。我走进去，和她交谈，她那纤长的、忧郁的、有点不对称的脸蛋，那双深陷的灰色眼睛，那佛罗伦萨人般的嘴唇，都再次吸引了我，让我为她着迷。我记得她的鼻梁上有两处小白点，那里的肌肤绷得紧紧的。她非常友好，以她那种一贯的疏远方式表达她的友善。我说话时，她注视着我的嘴唇。墙上挂着两三幅巨大的油画，是当下流行的那种可笑的极简抽象派艺术风格，在周围一大片空间留白下，几乎分辨不出它们清淡柔和的笔触。我问她是不是要买什么。这让她笑出声来，我在这里工作，她回答，将金色的辫子重新拨到肩后。我邀请她共进午餐，她摇摇头婉言谢绝，只是给了我电话号码。当我走出画廊，重新来到阳光下的街道上时，一架喷气式飞机从我头顶低空飞过，巨大的引擎声让周围的空气似乎都在不停颤动，从学校方向传来一种柏树混合着汽车废气以及淡淡的催泪瓦斯的味道。这些都是十五年前的往事了。她写着电话号码的那张纸已经被我弄皱了，我想扔掉它，可最终还是保留了下来。

　　她住在山里，在一幢仿提洛尔式[1]、盖着木瓦的木头房子里，房子是从一个疯寡妇那里租来的。在去她家的公共汽车上，我不止一次都试图站起身，跳下车，往回走，一想到安娜愉悦欢快、充满评价意味的目光，那难以理解、琢磨不透的微笑，我都感到深深的忧愁和恼怒。我给她打电话时，她几乎都不开金口，第二次，她甚至用手捂住话筒，和房间里的另一个人讲话。然而，那个早晨，我还是仔细地刮了胡子，穿上新衬衫，特地选了一套让人印象深刻的数学理论作为话题。随着汽车在狭窄的山路上行进，我突然有种退缩的冲动，看看我的样子：下巴干涩，还冒出了些零星胡子，漫不经心地拿着本书，好像提了一袋子肉。

[1] 提洛尔式：奥地利的一种木头房子的建筑风格，具有悠久的历史。

我真觉得自己是个猥琐下流的东西，毫无羞耻之心地阿谀奉承着别人。那天天气阴沉，松树林中弥漫着薄雾。登上锯齿型的潮湿台阶，来到门前，我用一种冷漠的表情打量自己，尽量装出清白无疵的样子，就像来到一个陌生的地方时，经常会有的那副表情。安娜穿着短裤，头发蓬松。门口突然映入眼帘的她的那道身影，金灰色的长发，悠闲自得的神韵，裸露出的修长双腿，都让我心里感到一阵刺痛。房子里面光线黯淡，散落着几本书，墙上贴着几张图，钩子上有顶草帽，那个寡妇的猫在地毯和椅子上都留下了脚印，散发着刺鼻的酸臭气，倒也不是全然让人讨厌。

达芙妮跷着二郎腿坐在帆布椅上，往一个镍制碗里削梨。她穿着浴袍，头发包在毛巾里。你看，又是一个巧合，不是吗？

我们三个那天都说了些什么？我又做了些什么？我只记得，自己坐了下来，喝起了啤酒，伸直双腿，靠在椅背上，装出很放松的样子。我不能清楚地看到自己，我只是某只浮动的眼睛，观察着，记录着，谋划着。安娜过来，在客厅和厨房之间来回走动，拿出干酪、橘子和切好片的鳄梨。那天是星期日，房间里静悄悄的。电话响起，安娜去接，转过身和电话里那人窃窃私语起来。达芙妮冲我微笑。她的目光没有焦距，仿佛在慢慢摸索感知身边的事物。她站起身，将碗和没有削完的梨都递给我，走上了楼。当她从楼上下来时，已经整装完毕，头发干了，戴着眼镜，一开始我没有认出她，认为她只不过是另一名房客。过了一会儿，我才意识到她就是我在某个教授家庭聚会上遇到的那个女孩。我突然有股冲动，想告诉她以前在哪里见过她，但一瞬间又改变了主意，和第一次避开她的理由相同，自己也不清楚到底是为什么。她从我手中拿过装梨的碗，又坐了下来。安娜又接了另一个电话，说起悄悄话来，不时发出笑声。我意识到自己的出现并没有侵犯打乱她们的生活，这个想法让我的心渐渐得到了抚慰。她们并没有邀请我共进晚餐，对我留下来的事实也并不在意。我们一起吃了晚饭，在桌边坐了许久。雾气渐渐浓重，逼近窗户。我打量着坐在我面前的她俩，沐浴在乳白色的微光中，肤色较深的那个和皮肤白皙的那个：她们之间仿佛心有灵犀，藏着秘密的趣事，分享着一个关于我的善意小玩笑。现在看来这一切是如此遥远，仿佛隔着一个时代的距离，那时我们还是如此纯真，如果可以用"纯真"这个词的话，对此我还是表示怀疑。

我承认，我被她们深深地吸引住了，她们的言谈举止，她们的镇定沉着，她们不经意流露出的任性娇蛮。她们体现了我的一种理想，我现在才意识到，这种理想我从来未曾拥有。那时，我还在研究科学，走在成为某个伟大冷静的技术员的道路上，立志成为这个世界的秘密主宰者。突然之间，另一个世界的大门在我面前敞开，她们两个似乎在我面前创造了一个岩面，穿过混沌的灰尘漩涡，我发现了另一片广袤闪光的远方。她俩真是非常精彩的人物，一会儿无精打采一会儿又可以活力四射，让我想起上个世纪那些女冒险家。她们去年冬天来到纽约，一步步游历了整个国家，最后来到了这片阳光照耀的赤褐色海滩。现在，她们泰然自若极了，似乎只要踮起脚尖，伸长手臂拉起手，整个太平洋就在她们的面前一样。虽然她们在这幢屋子里住了将近一年，但对这里的印象却还是那么浅薄和苍白，房间里几乎没有留下她们居住的气息。她们几乎没有什么行李——挂在门上的那顶草帽也是前房客留下的。她们肯定有朋友，至少有些点头之交——但我从未见过他们。女房东会不时前来造访，那个女人富有阴暗的戏剧性性格，热情的眼神，乌黑的头发用木雕别针卷曲地固定住。她穿得像个印度女人，全身挂满了珠子和亮闪闪的丝巾。她会漫不经心地巡视一圈屋子，嘴里唠唠叨叨，所到之处皆留下浓烈的类似麝香的香水味，巡视完毕后，她又踩着芭蕾舞般的步伐倏地一转投入客厅的长沙发中，坐上一个小时，倾诉她的悲苦，最后往往都是言辞激烈地把一切归结为：男人带来的麻烦。倾诉的同时喝着苹果白兰地酒，她把酒锁在厨房的碗柜里，泪眼汪汪，醉意朦胧。她真是个可怕的女人，那皮革般的皮肤，那涂得厚厚的嘴唇，那种歇斯底里，那难缠混乱的低落情绪，都让我无法忍受。然而，那两个女孩子，都觉得她非常有趣。她们喜欢模仿她，引用她说过的名言警句。有时看着她们模仿她的样子，我禁不住想，也许当我离开时，她们也会那样模仿着我的嗓音，滑稽又庄重地探讨严肃的话题，以她们那种慵懒倦怠的方式轻轻笑出声——似乎这笑话一点都不滑稽，只是荒谬罢了。

她们觉得这个国家，特别是加利福尼亚都是极其滑稽可笑的。我们在一起愉快地嘲笑美国人，那时的美国人正陷入空前膨胀的享乐主义高潮中，而我们，这些来自贫穷落后欧洲国家的这些镀了金的孩子们，早已经历过了这种时代——或者我们相信自己经历过了。在我们看来，他们是那么天真，那些佩戴的花朵，那些燃烧的香烛，那些混乱的信仰。当然，如此嘲笑他们时，我也感到了阵阵负疚。当我第一次来到这个国家时，我确实被她完全地迷住了，但现在我似乎也加入了那些嘲笑他人的行列，嘲笑讥讽那些快乐无忧的、心地善良的人们，就像某个聚会上的胖姑娘，刚才我还在喧闹狂欢的人群中将她拥入怀中，胸中充满了无言的狂喜，下一秒却在背后无情地嘲笑她。

也许，轻蔑藐视对我们来说只是一种缅怀过去的怀旧形式，或者说一种思乡之情？生活在那里，在那些柔和、绚烂的颜色中，在一望无际的蓝天下，我们就像生活在另一个世界，一个小说中才会出现的世界。（我曾经梦到过下雨——那种真真切切，下了一天的爱尔兰大雨——就像有人向我描述过，而我从未亲眼目睹过的那种大雨。）也许嘲笑美国人是一种自卫的方式？对，这是我们常常想到的理由，或者说，是我经常想到的理由，至少，我们还能对自己开些最无伤大雅的小玩笑。我们穿着斜纹软呢衣服，脚蹬得体大方的鞋子，摆出夸张矫饰的口吻，举手投足之间尽显傲慢无礼，这一切难道不荒谬可笑吗？不止一次，我认为自己察觉到了那些人嘴边抽搐的了然微笑，那极力压抑的微笑，我们原本以为这些人都是傻瓜，成为我们的笑柄还不自觉。甚至，我们之间也会出现类似的场景，当彼此的陈述进行到一半，突然的沉默和尴尬却横亘其间，仿佛不雅的难闻气味蔓延开来。三个异乡人在这平静放松的游乐场上相遇了——还有什么能比这种相遇更富有戏剧性呢？看在上帝的分上，我们三人之间就是这种三角关系。

我们之间是一种三角关系。在我们相处大约一个月之后，这种关系就不可避免地浮出水面。那天，我们坐在屋子后面的门廊上，喝着杜松子酒，抽着某种味道可怕的奇怪东西，感觉特别诡异。天气炎热，薄雾朦胧，苍白的天空中挂着硬币大小的太阳。我注视着那群蜂鸟，啜吸着走廊台阶旁灌木丛中的金银花。达芙妮穿着短裤、背心和高跟凉鞋，她摇摇晃晃地站起身，眨眨眼睛，走进屋子。我自然地跟上她，心中并无杂念，只想进去拿些冰块。外面的亮光让我一下子无法适应屋内的黑暗，目力所及之处都是一个个巨大的黑洞。我茫然无措地跟着达芙妮，跟随着她杯中冰块发出的清脆响声，从厨房到客厅再到卧室，就像盲人被牵引着移动一样。她坐在床边，沐浴在黄昏琥珀色的光晕中，凝视着前方。我的脑袋突然又痛起来。她一口喝干了杯中剩下的酒，当我们双双躺在床上时，她还握着酒杯，杯中的冰块滑落下来，掉进我的胳肢窝里。她的唇瓣冰冷而湿润，轻声细语，在我怀里温柔地笑起来。我们的衣服像绷带一样牢固，我喘着粗气，疯狂撕扯，突然之间，我俩裸呈相见。短暂的沉默和震惊在空气中蔓延，附近有孩子们在玩耍，可以听见远远传来的声音。达芙妮的手指紧贴我的嘴唇，阖上双眼，轻蹙眉头，巧笑倩兮，仿佛聆听着远方梦幻般轻柔欢快的旋律。我突然听到了响声，不禁回首探视。安娜正站在门口。我逡巡着她的眼光打量了自己一眼，闪着微光的腰窝，苍白的背部，张着鱼一样的嘴巴，目瞪口呆。她犹豫了一会儿，朝床这里走来，眼睛盯着地板，似乎陷入了沉思，她坐在我们身边，开始脱衣服。达芙妮和我静静地躺在彼此怀里，注视着安娜的一举一动。她将衬衫从头顶拉过，仿佛游泳选手浮出水面那样，又露出头，甩甩头发。金属搭扣在她背上留下了淡紫色的印记。为什么在我眼里，她看上去比我们都要苍老，带着厌世的表情，显得疲惫不堪，仿佛一个大人宽容大度地加入孩子们不被允许玩的游戏中。达芙妮几乎没有喘气，她的手指还是紧紧贴着我的嘴唇，张着嘴巴，扬起眉毛，凝视着安娜裸露的身体，陷入了恍惚的惊愕。我能感到我俩的心跳。我们必定是在参加一场神圣的脱衣仪式。

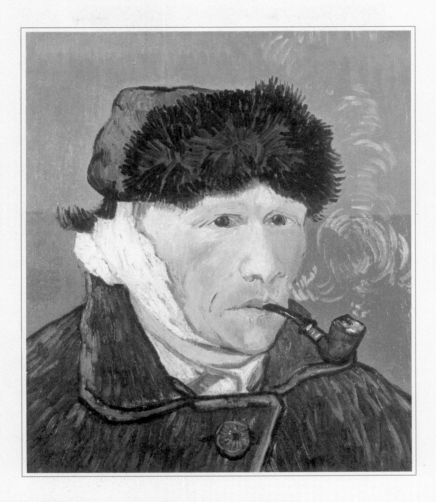

《戴着绷带和叼着烟斗的自画像》　　　梵高（*Vincent Van Gogh*, *1853–1890*)

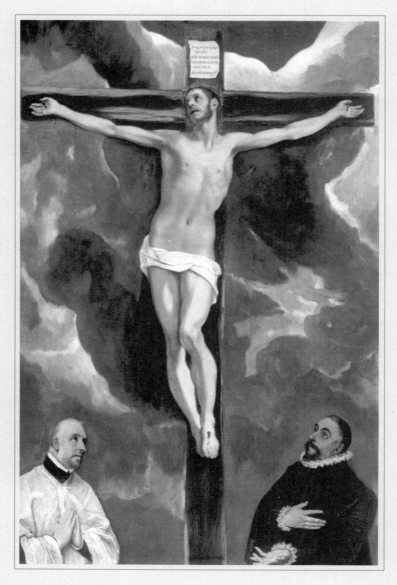

《受尊崇的基督》　　　　埃尔·格列柯（*El Greco, 1541–1614*）

一种仪式，对，这样称呼比较恰当。我们三人，紧抱彼此，慢慢躺在床上，似乎跋山涉水参加某个古老的朝拜仪式，以哑剧形式表演着某个建筑的建成，一座圣殿或者有穹顶的神庙。我们是如此庄重肃穆，如此冥想沉思，聚精会神地抚弄着彼此的身体，不发一言。她俩正在接吻，看上去也是那么圣洁纯真，她们嘴角含笑，带着一丝羞涩。我的双手不停颤抖，很久以前我就体验过这种犯罪似的窒息快感。那时我还是个孩子，在库格朗吉某个冬夜昏暗的楼梯上，我和两个表妹纠缠在一起。同样令人心惊胆战，难以置信，幼稚放纵的甜蜜中夹杂着疼痛的肉体欢愉。我们探索着彼此的身体，用鼻子亲密地爱抚，战栗、呻吟。三人中的一个时不时会紧紧攀附着其他两人的身体，带着孩子般急躁贪婪的热情，温柔地低吟，仿佛陷入了痛苦和无助的悲伤。很多时候，我都觉得眼前只有一个女人，而不是两个，那个陌生而遥远的女人，长着很多手臂，戴着搪瓷面具，隐藏在无法预知的神秘背后。最后，我感到体内一阵痉挛，用颤抖的手臂支撑起身体，达芙妮的脚后跟正放在我的腰背部，我从上俯瞰着身下两个女人，带着温柔的饥渴贪婪地啃咬着彼此，嘴唇覆盖着对方的嘴唇，一瞬间，我觉得血脉贲张，她俩的脑袋似乎融合到了一起，那张白皙的脸和那张灰暗的脸，那拥有茶色头发的脑袋和那豹子般黑色柔滑发丝的脑袋，仿佛合而为一。突然，我的下腹感到一阵酥麻的颤栗快感，我猛烈地撞击着她们，狂喜中带着恐惧。

　　一切过后，只有达芙妮依旧躺在我怀里，紧紧拥住我在她的身体里。安娜起身，走到窗边，用一根手指掀起帆布窗帘移到一边，站在那里凝视着午后烟雾弥漫的朦胧之光。孩子们仍在玩耍。附近有所学校，安娜轻轻地说着，就在山上。她轻轻地笑起来，但是，我问你，我知道什么？这是那个疯寡妇的口头禅之一。突然之间，一切都变得悲伤、灰暗、荒芜起来。达芙妮将脸颊贴着我的肩膀，开始默默流泪。我会永远记得那天孩子们玩耍时的声音。

那真是一次奇怪的体验，以后也从未再发生过。直到现在，我对它还念念不忘，当然不是因为那些显而易见的原因，而是这次体验让我困惑不已。三人性行为本身并不值得大惊小怪，那个时代几乎每个人都有过类似的行为。当时困扰我的，现在依旧困扰着我的问题是：那天下午的所作所为中我扮演着奇怪的被动角色。我是三个人之中仅有的男人，然而，我感觉自己无法阻止地被她们温柔进入穿透了。聪明的人会说，我仅仅是她们之间的连接，她们早就在四肢交缠时商量决定了我的角色。也许这是真的，但并不重要，也不是关键所在。我觉得我们三个就像在举行某种仪式，安娜是女祭司，达芙妮是祭品，而我仅仅是个小道具，这种想法一直在我脑中盘旋，挥之不去。在她们眼里，我只是个石头阳具，她们在我身上挣扎着，扭动着，发出魔咒般的呻吟，她们在——

　　她们正在说再见。事实如此，而我正好目睹了这一切。她们不是在找寻彼此，而是互相告别。因此，才会有那种悲伤荒凉的感觉，因此，达芙妮才会流下痛苦的眼泪。这一切，其实和我完全没有任何关系。

　　好了，这也是呆在监狱的好处，有很多闲暇时间真正想些心事。

　　那天我们三个人最后躺在床上的时候，我有一种幻觉，觉得她俩合而为一融合到了一起，这种感觉持续了很长时间。现在，当我回想起她俩时，脑中浮现的就是有两个正面的硬币，硬币上刻着她俩的侧面轮廓，宁静安详地凝视前方，富有象征意味，具有典型的双重美德——镇静和坚毅，或者，更好地表达为，静默和牺牲。有个瞬间我记得特别深刻，安娜从达芙妮的双腿间抬起头，嘴唇青紫微微闪光，她转过头看着我，带着意味深长的苦笑，将身子侧向一边，这样我就看清了四肢舒展躺在那里的达芙妮，她的阴部裸露着，精巧纯真仿佛被一分为二的果实。现在，我明白了，在那简短的依依惜别和探索发现的传递过程中，一切都完完全全呈现了出来。当时的一切就是现在的前兆，就在那时，我们的未来就已经成了型。

　　我不记得向达芙妮求婚的细节，怎么说呢，她的心早已属于我。我们的婚礼在八月某个炎热多雾的下午举行，仪式简短迅速，让人觉得恶心，整个过程，我都被头痛困扰。安娜和另一个我大学时就认识的同事充当我们的证婚人。后来，我们四个重新回到了山上的房子，喝起廉价的香槟。那次经历并不算圆满成功，同事编了个小借口，半小时后就离开了，留下我们三个人陷入不安和沉默的漩涡中。无法明说的言语仿佛滑溜而危险的小鱼在我们之间游来游去。安娜笑着打破沉默，你们两个年轻人现在肯定想单独呆着，说完就离开了。刹那间，一阵荒唐的尴尬向我袭来，我跳起来，收拾那些空瓶子和玻璃杯，躲开达芙妮的眼神。厨房窗外，阳光和薄雾。我呆呆地站在水槽边，注视着窗外山上树木蓝黑色的阴影，突然热泪盈眶，但眼泪并未滑落。

我不知道自己爱达芙妮的方式是不是符合世人对"爱"这个词的理解，但我清楚明白的是自己就爱她那种样子。如果我说，自己真正感兴趣的只是表面上的达芙妮，这么说会不会显得奇怪、冷酷，甚至有点不近人情呢？算了，我才不管这些。在我看来，这是了解其他生物的唯一方法：透过表面看到内在。达芙妮在房间里四处转悠，找寻她的眼镜，温柔地、迅速地轻点物品，用指尖获悉一切。她侧过身体，眯起眼睛，盯着钱包，皱起眉头，紧闭嘴唇，宛如贵妇般优雅地拿出一先令买糖果。她的吝啬小气，突如其来的贪欲，都是那么孩子气，惹人爱怜。许多年前，我也记不清何时何地了，我在聚会临近结束时遇到了她，穿着白裙，站在窗边，沐浴在四月黄昏朦胧的光线中，仿佛沉醉于迷梦，那时的我，半醉半醒，鲁莽冲动地闯入了她的梦境，惊醒了她，而我本来可以——上帝啊——本来可以继续在阴影里犹豫却步，在心中默默描绘她，用最柔软细腻的笔触一笔笔将她的音容笑貌镌刻在我内心深处空白的角落里，她会静静植根在那里，永远保持那个黄昏时分的生动模样。我那黑暗、神秘的爱人！

我们迅速做出了决定——永远那么心照不宣——离开美国。几乎没作他想，我放弃了所有，专题研究，大学学业，学术生涯，所有一切。年底前我们已经乘船往欧洲驶去。

麦尔瑟其莱恩·麦克·吉奥拉·嘎纳是我的辩护律师，不过他坚称也是我的朋友。对他负责的案子，他有一种异乎寻常、追求细枝末节的癖好。关于他的奇闻逸事流传在法庭的走廊上，回荡在监狱的窄小通道里。细节，细节，他所追求的就是细节。他是个高个、笨拙的男人，方方正正的大头，参差不齐的头发，小小专注的眼睛，几码长的细条纹布料随身一披，就是件衣裳。在我看来，一辈子在别人肮脏琐碎的悲剧上大做文章，摧毁了他身上的某种特质，他浑身散发着一种受伤的渴望。据说，他是法庭上令人闻风丧胆的可怕人物，然而，此时此刻，当他坐在这个房间里疤痕累累的桌子前，眼镜半架在他的大脑袋上，埋首于稿件里，详细记下所有细节，喘着粗气，自言自语，这样的他，突然让我情不自禁地想起了孩提时代的某个男孩子，他悲伤地爱恋着我，而我常常让他替我完成家庭作业。

　　此刻，麦尔瑟其莱恩对我为何一开始就直奔白水而去深感兴趣。我为什么不能去那里呢？我认识贝伦斯——我也认识安娜。我已经十年没回来了，现在只是以一个朋友的身份进行最平常的社交拜访。这个理由对麦尔瑟其莱恩来说似乎还不够，他皱起眉头，轻轻摇着他的大脑袋，没有意识到自己又陷入了法庭上的那套流程。难道不是因为到达库克朗吉一天之后我就愤而离家？难道不是因为当我听到父亲所有的画都被卖给了贝伦斯而义愤填膺，在我看来那可是一大笔钱啊？难道不是因为我的内心早就对贝伦斯怀有深深的敌意，他甚至企图让我死去的父亲戴绿帽子？——停，停，我阻止麦尔瑟其莱恩继续借题发挥，关于最后一点，我也是直到后来才有所察觉。每次我阻止他的这种锲而不舍的追根溯源时，他就会如此垂头丧气。无论如何，事实就是事实。

我确实又和母亲大吵大闹了一顿，又像龙卷风过境一样席卷了整个屋子（当然，那条狗畜牲还是追在我身后，企图咬我的脚后跟）。然而，宾基·贝伦斯并不是所有的原因，至少不是直接原因。在我看来，我们仍然在为那些古老永恒的主题争吵不休：金钱，背叛，我不辞而别直奔美国而去，又突然离开那里，我的婚姻家庭，我自己放弃的事业，诸如此类的事情。事实上，就为了几匹丑陋的畜牲，她就剥夺了我身为长子的继承权，她还幻想靠这几匹畜牲小赚一笔用以养老，这个该死的老婊子，还在骗人！还有她和那个马厩女孩乔安妮之间的勾当。临走前，我停顿了一会儿，仔细衡量挑选着我的措辞：以你的社会地位——呵，她的社会地位——和一个马厩女孩过分亲密是不得体的。我承认自己的本意是想对她进行侮辱，但最后我恐怕才是那个目瞪口呆的人。母亲沉默了片刻，直勾勾地盯住我，用一种厚颜无耻漫不经心的态度开口：乔安妮不是孩子，她已经二十七岁了，她就像——说到这儿，她故意停顿了一下，似乎为了加强语气效果——她就像我的儿子，我从未拥有过的儿子。非常好！我奋力咽了咽口水，我真为你俩感到高兴，真的！说完，我就断然离开了那幢房子。开车上路，过了很长时间我的愤怒和憎恶才稍稍得以平息，恢复正常呼吸。有时我觉得自己是个彻头彻尾的情绪主义者。

那天晚上，我就来到了白水。旅途最后一段，我从村子里叫了辆出租车。司机个子非常高，非常瘦弱，带了顶平顶帽，穿着过时的蓝色法兰绒上衣。透过驾驶镜，他饶有兴致地观察着我，几乎不曾注意前方的路。我试着用恶意的目光回瞪他，但他完全恬不知耻，只是微微扯动嘴角笑了笑，流露出了然、友好的诡异神气。为什么我对这些人的印象是如此深刻鲜明？他们占据了我的整个思维，当我翻过记忆的篇章，他们仿佛就站在阴影里，聚集在我周围，缄默不语，保持着适度的好奇心——

甚至，还有一点热切的期望。我想，他们都是我的证人，前来为我的案子作证，虽然没有恶意，但他们提供的所有证词都对我极为不利。

每次来到白水，我都会情不自禁发出一声轻轻的、仰慕的叹息。司机在一条又长又深、两边没有任何树木的弯路上向前行驶，房子梦幻般地慢慢显露出它那帕拉第奥[1]式的柱廊。司机在巨大的前门台阶下的沙砾中停了下来，突然的沉默使我意识到——麦尔瑟其莱恩，我承认，真的——我确实没什么理由来这里。我又在车上坐了会儿，像刚刚醒过来的夜游者一样，头昏眼花，惊惶失措。司机从驾驶镜中注视着我，带着全神贯注的期盼，我不得不摆摆样子，装作自己十分清楚此行的目的，从车里出来，拍拍口袋，皱起眉头，但是，我糊弄不了他，他倾向一边的微笑变得狡诈凝固起来，一瞬间，我还以为他在冲我眨眼示意。我唐突地让他在这里等我，内心被某种受到嘲弄取笑的悲情所驱策，移动步伐坚定地走向门口。

大门过了很长时间才开启，开门的是个消瘦愠怒的男人，乍看之下，我还以为他穿的是巴士司机的制服。几缕又长又黑的头发像鞋油般紧贴在脑门上，他及其厌恶地打量我。今天不开门，说完，就试图当着我的面把门甩上，却没料到我早已轻巧地越过他溜进了大厅。摩手擦掌，不住微笑，装成一副游子重返故乡的样子。呵，终于回到了老地方！楼梯上挂着丁托列多[2]的画作，画上尽是些天使和眼神疯狂的殉道者，大块大块的色彩铺天盖地地向我袭来，迷蒙了我的双眼。那个看门的人（管他到底是什么人）在我身后顾虑重重地左突右闪，我转过身，阴森森地靠近他，仍然咧开嘴微笑着，我不是来参观的，我是这家人的一个老朋友。贝伦斯小姐在家吗？他犹豫一下，脸上仍然挂着怀疑的神情，让我稍等片刻，匆匆忙忙地走下楼梯，回到客厅，笨拙地甩着一个平足，边赶路边细心抚平脑门上油光可鉴的发丝。

[1] 帕拉第奥(Andrea Palladio,1508-1580)：意大利文艺复兴后期的杰出代表，被推崇为西方建筑史上最有影响的人物之一，其建筑风格典雅、精致。
[2] 丁托列多(Jacopo Robusti Tintoretto,1518-1594□意大利文艺复兴晚期的重要画家、威尼斯画派的杰出代表。他一生从事绘画，以宏丽的色彩、磅礴的构图称雄于世，洋溢在他作品中的人文主义风范，突出地代表了文艺复兴时期的杰出思想成就。

我等待着。四周一片寂静，除了那台十七世纪的高大德国钟发出的滴滴答答的响声。身旁的墙壁上挂着一系列六幅波宁顿 [1] 的小型水彩画，我本来就可以轻而易举地把其中任何几幅拿下来，夹在手臂下，大摇大摆地走出去。德国钟沉闷地敲响了半点时刻，离我很远的那些房间的钟在同一时刻也敲出了单一、和谐、清脆的报时声，房子似乎也在这刻微微震动了一下。我重新打量着丁托列多的画。这里还有一幅弗拉戈纳尔的作品和一幅华脱 [2] 的作品。而这仅仅只是门厅走廊里的藏品，后面还有什么呢？后面的画作是不是也像这里一样无人看管，毫不设防呢？我听见出租车司机在外面鸣着喇叭，短促有力略带歉意的催促。他肯定以为我把他给忘了（事实上也的确如此）。房子后面的一扇门突然砰的一声关上了，一阵清凉的微风拂过我的面颊。我沿着大厅走廊走着，地板发出嘎吱嘎吱的响声，一种燥热的几乎称得上战栗的感觉在我心中奔腾。内心深处，我是个胆小怯懦的人，巨大荒芜的空间感让我觉得紧张焦虑。弗拉戈纳尔画中的那个女人形象，穿着丝绸衣服，蓝色的眼睛，饱满的下唇，斜斜地注视着我，带着那种受到惊吓又深思熟虑的神情。我谨慎地推开一扇门，把手在我手中转动，有种美好得让人臣服的光滑触感。我来到一个装有许多窗户的房间，房间很高，又长又窄。墙纸是晦暗的金色，甚至连屋子里面的空气似乎都是金色的，充满了傍晚时分那种沉重、柔和的光线。我觉得自己就像回到了十八世纪。房间里没多少家具，不过五六件的样子——几把轻巧的竖琴背椅子，一个装饰过的餐具柜，还有一张镀金桌子——就这么随意排列着，仿佛唱主角的不是这些摆设，而是这些摆设周围的空间，甚至，这里的光线本身都被刻意处理了。我静静地站在那里，侧耳聆听，我也不知道自己为何要这么做。矮桌底下是一幅巨大复杂的拼图，只拼好了一半。一些拼图碎

---

[1] 波宁顿(Bichard Parkes Bonington，1802–1828)：英国浪漫派画家，以创作风景画和历史画著名。其风格在英国和法国都受到模仿，影响很大。

[2] 弗拉戈纳尔、华脱：均为十八世纪法国著名画家。弗拉戈纳尔(Jean-Honore Fragonard，1732–1806)是十八世纪法国深受上层社会赏识的画家，国王曾在卢浮宫赐给他一个画室，并接纳他为法兰西学院院士。他的绘画像布歌一样，主要是迎合当时上流社会的需要，多表现贵族男女的爱情和游乐生活，并有明显的爱情成分。华脱(Jean-Antoine Watteau，1684–1721)是法国十八世纪洛可可时期最重要的画家。路易十五时代达到高潮的洛可可艺术，是流行于法国宫廷的一种浮华。

片散落在地上。我盯着那些碎片，像水塘溅出的水花那样在镶花地板上闪闪发光，突然之间整个房子似乎又微微颤抖了一下。房间尽头是一扇落地窗，窗子敞开着，薄纱窗帘在微风中飘扬。窗子外面是一片草地斜坡，斜坡中央有匹孤单的条纹马，昂首腾跃。更远处是条弯弯的小河，浅滩处河水泛着白光。小河再过去就是树林，隐隐约约的青山和无边无际镶着金边的夏日蓝天。这样的景色，突然让我觉得有点心神不宁，仿佛哪里出了错。所有的东西不是在往后退却，而是在我眼前慢慢逼近——那些家具，敞开的窗户，草坪，小河，还有远处的青山——好像不是我在打量它们，而是它们自身长了眼睛，专注地盯着屋内某个地方。我转过身——我看着自己慢慢转过身，觉得自己一直都在转身，有时候甚至感觉似乎得永远这样转身下去——而这就是我将受到的惩罚，我受到的诅咒——就是在这混乱眩晕、没完没了、令人喘不过气来的转身中，看到了她。

你们已经在报告中看到了那幅画，也已经知道她的模样。一个年轻的女人穿着黑色的裙子，黑色裙子上是白色的宽领，娉婷而立，双手交叉于身前，一只手戴着手套，另一只手藏在戴手套手的下面，仅仅露出手指，手指微缩，未戴任何戒指。头上佩戴的饰品，分不清是帽子还是什么搭扣，她的头发紧紧束于脑后。引人注目的黑眼睛中流露出淡淡的东方神韵。她的鼻子很大，嘴唇丰满，不算漂亮。右手拿着一把折扇，或是一本书。她站立的地方在我看来是光线明亮的房门口。还能看到长沙发椅的一部分，或许是张床也说不定，上面铺了面锦缎。她身后一片漆黑，黑暗是如此浓重充满了幽幽的神秘感，却又显得那么毫无分量。即便她的嘴角流露出一丝挑衅，甚至是敌意，她的目光却依然平静，没有任何期待。她不属于那里，但无处可去。扣住她宽大领口两边的胸针，看上去价值不菲，但丑陋无比。这些你们都曾见过，也清楚地知道，可是，法庭上尊敬的艺术鉴赏家们，我还是要告诉你们，虽然你们认为对这幅画了如指掌，但你们对它真正的了解却接近无知。你们不清楚她表情中透露出的坚毅和怜悯，你们没有像我这样突然在夏日傍晚金色的房间中和她相遇。你们没能将她拥入怀中，你们没能看到她在渠沟中舒展四肢，你们没有，没有——为了她杀人！

我站在那里，眼睛就盯着那幅画，不知过了多久，渐渐地有一种热辣辣的羞愧之情占据了我的内心，就像我这具肥胖的身躯正被她专注冰冷的目光无情审视。不仅仅是画中女人的目光注视着我，画中每件物品，那枚胸针，那只手套，她背后那片毛茸茸的黑暗，画布上的每个点，都像一只眼睛，牢牢地盯着我，一眨不眨。我后退一步，受到了惊吓。寂静穿过篱笆，四处蔓延。我听见哞哞牛叫，车子发动的声音。我突然想起那辆出租车，转过身，准备离去。有个女仆站在敞开的落地窗前，她应该是刚刚进来，看到我站在房里吓了一跳，警惕地往后退。她睁大了双眼，紧缩一边膝盖，举起一只手，就像为了避开一次攻击。一瞬间，我们都没有打破沉默。她身后突然吹进一阵微风，草地斜坡在阳光下益发显得闪闪发亮。我们都没开口，她小心翼翼地慢慢地向后退，越过那扇落地窗，仍然举着一只手，脚后跟突然踩到外面高起的路面，重心不稳，绊了一下。我突然感到片刻无法言语的恼怒烦躁——一种不祥的预感，或者说暴风雨到来之前的和风细雨。某处电话铃响了起来。我迅速转身离开了房间。

大厅里空无一人。电话铃依然响着，带着倔强的坚持。当我走下前门台阶时仍然可以听见它的铃声。当然，出租车早就离开了。我嘴里骂着脏话，开始我的徒步之旅——穿着我那薄底西班牙鞋在石子路上蹒跚而行。太阳低低地照射着我的脸庞。当我回首远望那幢建筑物时，所有的窗户似乎都在闪闪发光，冷冷讪笑。我开始涔涔出汗了，小虫子都被汗水的味道吸引了过来。我又一次问自己到底为何来白水。当然，我知道答案。金钱的气味将我吸引到了这里，就像汗水的味道吸引着这些该死的苍蝇一样。我打量自己——就像从那些阳光照耀下的窗户里打量自己一样，尘土飞扬中鬼鬼祟祟地在这里晃荡，酷热难耐，闷闷不乐，体格超重，垂头丧气，弯腰驼背，白西装的胳肢窝里起皱了，屁股那里的布料松松垮垮下垂着，我就像个滑稽丑角，恶俗笑话的点睛之笔。刹那间，我产生了顾影自怜的情绪。上帝啊！难道真的没有人能帮我一把吗？我停顿了片刻，向四周扫视了一圈，仿佛草木中潜藏着我的救世主。寂静中只有隐隐约约幸灾乐祸的气息。我又悉心聆听起来，是引擎的声音，一辆黑色的大型豪华轿车不一会儿就出现在转弯处，紧随其后的是一辆时髦的红色跑车。豪华轿车庄重地向前挺进，低声地鸣着喇叭，一瞬间我还以为是在举行葬礼。我踏上草坪边缘，继续向前走。轿车司机是个高大、短发的男人，正襟危坐，双手牢牢抓着方向盘的边缘，感觉就像握着一枚导弹，试图将它从发射装置中拔出来，向目标投去致命一击。他身边是个驼背、瘦小的男人，车子嗖的一声从我身边经过时，我瞥了他一眼，看到了一双黑色的眼睛和一个光秃秃的脑袋，双手交叠放在拐杖的曲柄上。开跑车的是个戴黑色眼镜的金发女人。当她经过我身边时，我们像两个陌生人般面无表情地交换了眼神。当然，我认出了她。

　　十分钟后，我伸着大拇指在路上艰难跋涉，这时我听见车子在我身后停了下来。我知道是她。我停下脚步，转过身。她还坐在车里，手腕交叠着放在方向盘上。片刻无言的僵持，我俩似乎都不愿跨出第一步。最后我们还是妥协了。我向她的车走去，她从车里出来迎接我。我想是你，果然。她说道。我们微笑起来，随即又沉默不语。她穿着奶油色的外套和白色的衬衫，鞋子上有斑斑血迹。头发比我印象中的黄了许多，我怀疑她是不是染了颜色。我告诉她她看上去漂亮极了。这是我的真心话，但听上去却空洞无味，我的脸刷地红了，无比尴尬。安娜，我又开口。这时，我的心突然被柔软地撞击了一下，我想起很久很久之前，我偷过一个安娜写给达芙妮的信的信封，我将信封拿到厕所，如获至宝地将它打开，心脏怦怦直跳，这样，在她舔过的地方我就可以粘上我的口香糖。突然有个念头在我脑中涌现出来：我爱她！这个认识让我不由自主地发出狂野和惊讶的大笑。她摘下太阳眼镜，疑惑地看着我。我的双手在不住地颤抖。来吧，和我一起见见父亲，她说道，他需要些鼓励振作起来。

　　她的车开得飞快，神情专注地控制着方向盘，仿佛在这个灵巧的小举动中定位某个模式，某个秘密的指令。我对此印象深刻，甚至有点胆怯。她的脸上是典型的富家小姐那种不耐烦的表情。我俩都没有开口说话。不一会儿，我们就来到了宅邸的主房，她将车飞快地停在碎石路上。打开车门，停顿了一下，沉默地打量了我一会儿，摇了摇头：弗雷迪·蒙哥马利！嗬！

当我们跨上前面的台阶时，她轻轻挽住了我的胳膊。我有点吃惊。多年以前，我认识的她，不会随随便便做出任何亲密的举动——亲密，对，但决不随便。此刻的她，笑了笑，说道，上帝啊！我想我有点醉了。今天她去了趟城里的医院——贝伦斯受了点小伤。医院里骚动不堪，在喧闹的购物街上，汽车炸弹爆炸了，虽然只是个小装置，却威力无穷。她别无选择地在伤者病房里穿梭。每个地方都有尸体。她在死者和垂死者中间来来回回，觉得自己就像个灾难幸存者。感谢上帝，你没事。我由衷地说道。她扯了扯嘴角，给我一个笑容。真是可怕的经历，幸亏弗林在汽车仪表板上的小柜藏了一瓶酒。她痛饮了几口压惊，现在却开始后悔了。

我们走入主屋。那个穿着制服的看门人却不见踪影。我告诉安娜他如何放任我一个人在房间里随心所欲地肆意转悠。她耸了耸肩，每个人肯定都在楼下看爆炸事件的新闻。但是，我继续说道，同样道理，每个人都能轻而易举地进来。为什么？安娜问道，难道你觉得会有人到这儿来放置一枚炸弹？她用一种独特的苦笑看着我。

她带着我一路走进金碧辉煌的客厅。那扇落地窗仍然敞开着，女仆已不见踪影。一种羞怯之情促使我的目光避开房间的深处，那幅画就挂在那里，略微探出墙角，仿佛在侧耳聆听。我轻手轻脚地坐上路易斯·坎泽式样[1]的椅子，安娜打开那个雕着花纹的餐具柜，倒了满满两杯杜松子酒。没有冰块，汤力水的味道非常平淡，这些我都不介意，我只是需要喝一杯。自己一直爱恋着她的认识依旧让我无法呼吸，我觉得又兴

---

[1] 路易斯·坎泽式样（Louis Quinze）：一种建筑设计、室内装潢和家具的式样，是法国路易十五时期的设计特色，标志着洛可可时代的极致：流动的线条、精雕细琢的贝壳、花朵和其他装饰品。

71

奋，又困惑，还有一种可笑的满足感，就像个孩子，突然有了件珍贵的玩具可以玩耍。我又对自己说了一遍——我爱她！仔细体味吐出每个字时的那种快感。这种崇高的、伟大的、有点疯狂的想法和现在的场景是如此完美地吻合。她在我和窗子之间来回踱步，双手紧握酒杯。我的眼角仍然能够瞥见薄纱窗帘在风中轻舞飞扬。空气中似乎有什么东西也在舞动。突然，我身旁低柜上的电话铃响了，发出刺耳的噪音。安娜一把抓起话筒，哭了起来，噢，是，是，什么？她没有哭，是大笑了起来。某个出租车司机，索要他的车费，安娜告诉我。我一把抓过话筒，气急败坏地呵斥电话那头的家伙。安娜专注地盯着我，消遣似的打量我。当我将听筒放下时，她欢快地揶揄我，弗雷迪，你真是个自命不凡的家伙！我皱起了眉头，不知如何回答。她的大笑，她呆滞的凝视，都有一种歇斯底里的疯狂。但是，那一刻，我也同样心潮澎湃，根本无法镇静下来。瞧瞧这个，她边说边愠怒地看着鞋子上的血迹，舔了舔嘴唇，摘下眼镜，飞快地离开了房间。我又开始等候。所有的事情刚才都已经发生过。我走过去，站在敞开的窗前，一只手插在口袋里，大口大口喝着酒。自命不凡，确实——她想说什么？太阳几乎落山了，河面上残留着最后几缕阳光。我走出房间来到阳台上。清新的微风温柔地拂过我的脸庞，我突然意识到置身此处是如此奇怪，如此宁静无声的夏日傍晚，手握酒杯站在这里，周围悄然无声，心中一片黑暗。我转过身，昂首打量着房子。房子看起来似乎是在天空的映衬下飞速翱翔。我也梦想过上这样的富裕生活，享受这种镀金般的悠闲舒适。屋子深处有双黑色的眼睛向外凝视，深邃，平静，难以察觉。

那个短发司机弗林，他从屋子旁边向我走来，嘴唇紧闭，礼貌客气，流露出隐隐威胁恐吓——他的双脚精致优美，与整个身躯极不相称。他蓄着土匪般下垂的深黑色八字胡，修剪得很短，尾端异常整齐伏帖，感觉就像是涂抹在他那张苍白的大脸上似的。我从来不喜欢八字胡，我以前提到过吗？我总觉得八字胡有种猥琐下流的意味，让我深感厌恶。我确信监狱的心理医生能够解释我这种厌恶和反感到底有何特殊寓意——我也确信，在我这起案件中，他的分析肯定是错误的。弗林是个特别具有攻击性让人讨厌的人物典范。一看到他我就禁不住信心百倍，精神振奋，我也不知道为什么。我急切地跟着他走进餐厅，餐厅里光线昏暗，都是那些昂贵的值钱玩意儿发出的微弱闪光。贝伦斯倚靠着安娜的肩膀走了进来，个子很高，身体羸弱，穿着昂贵的花呢套装，打着领结。他缓慢地移动，似乎估算着每次的步伐，那略微颤抖的脑袋，圆圆的、光光的，看上去就像个脱水鸡蛋。我已经二十年没见过他了，我承认自己现在对他非常着迷。他的面部表情、一举一动仿佛都经过了巧手的精雕细琢，就像那些精致迷人的超小型玉雕，我刚才还在那些大师的作品中一饱眼福。他拉住我的手，慢慢地握紧，落入他宛如扼杀者般的钳制控制中，他注视着我的眼睛，似乎要在眼神深处发现另一个人的身影。弗雷迪里克，他边喘息边开口，你长得真像你母亲。

　　我们坐在一张摇摇晃晃的桌子前享用晚餐，桌子靠着一扇高窗，可以远眺花园。餐具都是些便宜货，盘子搭配得也不协调。我回想起记忆中的白水，生活仿佛只是某件暂时代用品，永远在奇怪的角落里，永远在事物的边缘将就凑合。这幢房子根本不适合这些人居住，这样的富丽堂皇根本容不下他们任何卑鄙的伎俩。贝伦斯正在切割一块血淋淋的肉，那双大手吸引了我的注意力。我确信，他从前肯定杀过人。我想象着他年轻的时候，穿着法兰绒裤子和色彩鲜艳的运动上衣，手握网球拍——看哪，那是宾基！——事实上，这些都是不可能发生的。他说到了这次汽车炸弹爆炸，五个人死了，或许现在已经有六个人了？仅仅是一枚两磅重的炸弹，就造成了如此巨大的爆炸后果！他叹着气，摇着头。与其说他受到了惊吓，还不如说他对这起事件留下了深刻的印象。安娜几乎不曾开口，脸色苍白，神情疲倦，心不在焉。我第一次注意到她也已经上了年纪。十五年前我认识的那个女人，她仍然活在我的记忆中，只是轮廓变得更加粗糙，像极了克林姆[1]画中那些身上镶满珠宝的情

---

[1] 克林姆(Gustav Klimt, 1862—1918)：奥地利著名的象征主义、装饰主义画家，排斥当时维也纳的传统与保守，组成维也纳分离派。他的代表作是《吻》。

妇。我望向窗外，此时暮色灰暗，闪着微光，回想起那些自己失去的，或者本以为会失去的一切，我不禁有点愕然，与此同时心底好像又泛起模糊晦涩的骄傲。簇拥的云团，最后几方明亮可见的天空。画眉鸟突然发出一声啼叫。总有一天，我将失去一切，我将死去，所有的一切都将一同消失，我临窗而坐的这一刻，沐浴在夏日温柔黄昏中的这一刻，也将逝去。这么说虽然让人惊异莫名，但事实如此，不可避免。安娜划了根火柴，点燃了桌上的蜡烛，忽然之间，温柔而漆黑的空气中有种悬浮摇曳的感觉。

我的母亲，我对贝伦斯说，我停下来清了清喉咙，我想，我母亲给了你一些画。他猛兽似的阴鸷目光锁定住我。是卖给我，他放低声音，几乎是轻声细语，是卖，不是给。说完，他露出了微笑。短暂的沉默。他的姿态相当放松自在，继续说道，如果我来这里是想再看看那些画的话，他感到非常抱歉，他能理解我对那些画的依恋之情，但他几乎在买来的同时就已经立刻转手了。他又温和地微笑起来，其中有一两件作品真的不错，但放在这儿，在白水，不太合适。

我亲爱的父亲，你瞧，这就是你所谓艺术鉴赏家的眼光吧。

我只想为你母亲做点事，我想你也明白，贝伦斯仍然滔滔不绝。她身体一直不好，病痛缠身，我给她的钱远远比它们的市场价高得多——当然，请不要将这点告诉她。我觉得，她想做点什么小生意。他笑出声来，真是个精力旺盛的女人！又一阵沉默。他摆弄着面前的刀具，愉快地若有所待。我突然惊讶地意识到，他必定以为我这次来是为了讨回那些作品。当然，我又寻思到，除了他的那些慷慨激昂的声明，他必定在价格上有所欺瞒。这个想法让我一下子振作起来。我暗自大笑，为什么，你这个老流氓，你和我们这些人又有什么区别。我看到安娜的身影朦胧地反射在窗子上，就在我的眼前。她又是什么货色？一个长着皱纹，染了头发，上了年纪的老女人——极有可能，弗林在用软管冲洗车子和去理发店修剪胡子的间隙，每个月为她提供一两次性服务。你们所有人都他妈的见鬼去吧！我又为自己倒了满满一杯酒，满得都快溢出酒杯了，桌布上也溅到了一些。我很雀跃。噢，黑暗，黑暗！

我本以为他们会邀请我留下过夜，但当我们喝完咖啡，安娜借口离开了片刻，一会儿她就回来告诉我已经为我叫了辆出租车。我被惹恼了，我不辞辛劳赶了这么多路过来拜访他们，而他们却连一张床都不肯给我。又是一阵难堪的沉默。贝伦斯正兴致盎然地谈论荷兰画家。我不知道是不是我的幻觉，我仿佛看到当他问我有没有去过那个花园景观房的时候，他别有深意地看了我一眼，带着一丝狡猾的微笑。当我意识到他指的是那间金色客厅时，他已经略过了这个话题，谈论起别的东西。此刻，他就坐在那里，摇晃着脑袋，嘴巴微启，眼神空洞地盯着烛火。他举起一只手，似乎还想说什么，最后只是慢慢地放了下去。车子的灯光掠过窗子，喇叭嘟嘟作响。贝伦斯没有起身。很高兴见到你。他几乎在自言自语，左手伸向我。很高兴。

安娜陪我走向前门。我觉得自己做了回傻瓜，真的不明白事情为何会变成这样。我们的脚步声回荡在大厅中，听上去异常响亮，就像某种混乱和略显荒谬的喧闹声。今天晚上弗林休息，要不然我会让他开车送你。安娜解释道。我僵硬地回答说没关系。我不断地问自己，现在的我俩是不是当初的那两个人，某个星期天的午后，在世界的另一边，全身赤裸地躺在床上，和达芙妮翻云覆雨。我怎么会幻想自己爱过她呢！你父亲看上去身体不错。她耸了耸肩。他已经快要死了。到了门口，我也不知道当时在想什么，我突然笨手笨脚地摸索着她的手，试图亲吻她。她迅速往后退去，我几乎摔了个四脚朝天。出租车又在按喇叭。安娜！我叫她，不知道接下去要说什么。她苍凉地笑出声。回家吧，弗雷迪，脸上还是那无精打采的微笑，在我面前慢慢关上了门。

我当然知道，那个出租车司机是谁。不要出声，我严厉地命令他，一个字都不准说。他从反光镜中看着我，带着那种忧伤非难的眼神。车子笨拙地上了路。我意识到自己原来无处可去。

九月了，我已经在这里呆了两个月，也许更久。从我牢房的窗户瞥见外面那棵树，毫无生气，满是灰尘，但是，不久它就会发生改变。它饱含期待地抖动着，夜里我似乎都能听见它在激动地沙沙作响。早晨的天空非常漂亮，异常开阔和晴朗，我喜欢注视着云卷云舒，如此庞大又如此轻巧的工程。今天天空出现了彩虹，当我看见彩虹时，禁不住笑出声来，仿佛听到了某个精彩荒谬的笑话。人们在那棵树下来来往往。他们走的那条路，肯定是条捷径。九点钟时，那些办公室女士会经过那里，抽着香烟，梳着时髦的发型。不久，那些迷人的家庭主妇们会手提沉重的购物袋，带着孩子经过那里。下午四点，会有一个男学生蹦蹦跳跳地走来，身上背了个沉甸甸的书包，看上去就像驼背了似的。狗也会来凑热闹，它们目标明确地飞奔而来，停下，抬起腿，在树下撒了泡尿后又飞速离开。很多很多形形色色的人。最近，天气开始变化，那些人似乎也都发生了些许变化——甚至那男孩，他的脚步更为轻快，个子也长高了——每个人都好像在秋日玻璃般透明的蓝天下展翅飞翔。

　　每年这个时候我总会梦见父亲，每次都是一样的梦，虽然场景不同，梦里的人的确就是父亲，但不是我印象中的他。梦里的他，更年轻，更强壮，他神情欢快，带着那么点风趣幽默。我来到医院，或者其他类似的大机构，经过一番颇为艰难的寻找，在搞错了很多次后，终于看到了父亲。他坐在床上，手里捧着茶杯，头发像男孩子般凌乱，穿着别人的睡衣，用腼腆的微笑迎接我的到来。我担心了这么长时间，现在终于找到了他，一瞬间感到欣喜万分，将父亲一把抱住。他对这种陌生的情绪爆发感到不大习惯，但还是平静地接受了，拍拍我的肩膀，微笑起来。我坐在床边，我们之间有片刻的沉默，谁都不知道接下去要做什么，目光又要看向哪里。我终于获悉他从某次灾难中幸存下来，一次交通事故，一次乘船事件，或者肺痨，从某种意义上说，是他的愚蠢大意才使他自己陷入了危险，现在他也意识到了自己的愚蠢并为此感到羞愧。梦里，也是我最终帮助父亲脱离了那些险境，鸣响警铃，呼叫救护车，拖出救生船。我的所作所为都是那么自然，像"爱"本身，体现了作为儿子对父亲真正的关心和爱护。每次我都会微笑着醒来，心中洋溢着柔情。我曾经以为在梦里，我将父亲从死亡线上拉了回来，最近我才意识到是我一下子掀开了父亲一生多灾多难的潘多拉之盒。或许现在我又将执行这一相似的任务，因为他们告诉我，今天我的母亲去世了。

司机载我到达村子时，去城里的最后一班巴士肯定已经离开了，这是司机告诉我的，带着他那忧郁的欢喜之情。我们置身于漆黑的大街，在一家五金商店旁边，只听见汽车引擎低沉的震颤声。司机在座位上转过身，抬了抬帽子，用一根手指飞速挠了挠脑袋，重新坐好，注视着我的一举一动。我又被这些人打量我的方式吸引住了，无聊、野蛮的眼神中赤裸裸地流露出他们的兴致盎然。恐怕我还是给他取个名字比较好——瑞克，因为我还得和他呆一阵。他感到非常荣幸，他说，如果能亲自把我送回城去。我摇了摇头：从这里到城里要三十英里哪，我已经欠了他钱。或者，他又说，脸上带着可怕的讨好的微笑，他母亲能够招待我——听起来，瑞克太太经营一家酒吧，楼上正好有个房间。这个主意并没有吸引我，但是，街道是如此漆黑一片又安静得可怕，从那家五金店的橱窗中看到的那些工具让人感到压抑郁闷，好吧，我虚弱地说道，一手抚着额头，好吧，就去你母亲那里吧。

她没有在酒吧里，或者已经睡觉了，瑞克自己将我从后面的楼梯带了上去，踮着脚尖，像一只摇摇晃晃的大蜘蛛。房间里有扇低低的小窗，一把椅子，一张床，床中间有个窟窿，仿佛从那里拖出过一具尸体。房间里弥漫着一股小便和脚夫的味道。瑞克站在那里，腼腆地笑着，手里揉捏着他的帽子。我郑重地和他道了声晚安，他恋恋不舍地离开了房间。我最后看到的是他瘦骨嶙峋的手轻轻阖上了门。我小心地在房间里来回踱步，地板发出吱吱嘎嘎的声响，是不是还扭绞着双手？我纳闷。低矮的窗户和塌陷的床让我产生了极不对称头昏眼花的感觉，我觉得自己个子太高，脚太大。我坐在床边，窗外还残留着微光，如果我侧卧，还能看见那弯曲的烟囱头和树木的剪影。我觉得自己就像俄国小说中那些忧郁的男主人公，在某年某月某个不知名小山村的酒吧里，琢磨着可以逃匿藏身的地方，所有的故事都郁结在心头，等待倾诉和聆听。

　　我并没有睡着，床单又冷又湿，还有点滑滑的，我相信自己不是第一个盖着它们翻来覆去睡不着的人，它们肯定已经很久没有清洗了。我尽量让自己躺平，紧缩成一根弹簧，这样就可以尽可能不碰到那些床单。远处传来教堂异常沉闷的报时钟声，当然其中夹杂着犬吠和牛叫，还有我自己烦躁的叹气声，这些都激怒了我。不时会有轿车或者卡车经过，车灯发出的光影形成不同的几何图形，从天花板上迅速转移到墙壁上，最后在角落里消失无踪。我感到渴得要命，断断续续做着梦，那些怪异猥琐的画面干扰着我，让我情绪烦躁，无法入眠，每次要睡着的那一刻，突然会有可怕的坠落感让我一阵痉挛，猛然跃起。虽然我极力控制自己不去想她，但安娜的身影还是浮现在脑海中，占据了我的整个思维。到底发生了什么，她把自己锁在那个可怕的博物馆里，和那个垂死的老人相依相伴？也许什么也没发生，就是这样。日子一天一天悄无声息地过去，到最后一切都无法挽回。某个清晨，她醒来，发现不知不觉已人到中年。我想象着她，形单影只，孤独悲伤，受制于那座魔法城堡的蛊惑，年复一年，还有——噢，所有疯狂的画面纷纷涌入我的脑海，尴尬得让我不知如何启齿。这时，另一个更加黑暗朦胧的想法也在我脑海中不停旋转。游侠骑士英雄救美继而赢得荣誉褒奖的事迹在我脑中交织纠结、乱成一团，同时也激发了我要采取行动的灵感。尊敬的法官大人，我向你保证，这不是要为我自己开脱罪名。我只是想进一步从深层角度剖析我的动机，如果可行的话。随着时间的静静流逝，星星的光芒投射到窗户上，又慢慢地消失无踪，安娜的声音和另一个我心爱女人的声音在我脑海中重叠融合起来——当然，这个女人是达芙妮，甚至也可能是我的母亲，或者那个马厩女孩——但是，当黎明最后来临时，反倒是那个荷兰女人的倩影悬浮在床头注视着我，用那种怀疑的、渴望的、平静的眼神注视着我。我起身穿上衣服，坐在窗边的椅子上，凝视着晨曦中灰色的光芒降临到屋顶，随后慢慢地移向树梢。我的脑袋仿佛在进行一次赛跑，血液在血管里咝咝作响。我突然意识到自己要做什么。我感到异常激动兴奋，伴随着深深的恐惧。楼下传来声响，我想立刻奔出去，放手好好大干一场。我犹豫着是否要立即走出房间，最后还是在屋内又呆了会儿，躺在床上，平复悸动的心，不知不觉却陷入了可怕的熟睡，似乎突然被狠狠地击倒了。我自己也无法形容，这种熟睡只持续了一两分钟，我就浑身颤抖地醒过来，心脏仿佛漏跳了一拍。那天就是如此开始，时间在恐惧中慢慢流逝。

瑞克太太又高又瘦。不，她又矮又胖。我记得不是很清楚了。我也不想将她记得很清楚。看在上帝的分上，我还要编造出多少这样奇形怪状的人？我可以将她当做我的证人，你们可以自己去完成接下去的描述工作。一开始我以为是极大的痛楚让她猛地躲开，畏首畏尾，后来才发现不是出于痛楚而是由于某种可怕的无法言语的羞怯。她从酒吧后面的起居室里给我拿了一些香肠、火腿薄片和黑布丁（这是只有刽子手才能享受的丰盛早餐）。房间里笼罩着奇怪的沉默，我听见自己狼吞虎咽的声音，墙上布满蛛网般的叶状阴影，挂着一幅耶稣画像，画中耶稣的心脏在淌血，血液被画成了厚厚的深红色和奶油色，同样泛着阴影。还有一幅某位梵蒂冈教皇的照片或者其他祈福群众的照片，一种阴郁之情仿佛仇恨一样在我心中蔓延开来。瑞克出现了，打着背带，挽着袖子，害羞地问我，感觉好吗？太棒了，我大声回答，太棒了！他站在那里注视着我，温和地微笑着，带着一丝沾沾自喜的骄傲。我也许成了他整晚宣传讨论的谈资也说不定。呵，这些贫困无知的人，如此众多，我在他们当中留下了蛛丝马迹。他没有提到我欠他的钱——甚至昨天在电话里他还为没有等我而道歉。我站了起来，避开他来到门口。我出去一会儿，我对他说，呼吸点新鲜空气。我能感到自己可怕的微笑，像突然落在脸上的某种黏糊糊的东西。他点了点头，一丝难过在眉宇间闪过，最后停留在他绵羊般温顺的嘴角。你知道我将匆匆离去，不是吗？你为什么没有阻止我？我并不明白这些人。我以前就说过，我不了解这些人。

太阳的光芒穿过稀薄的阴霾，照耀下来。现在还很早。我一会儿走在大街的一边，一会儿走到另一边，心中烦躁不安。街上还没什么人。谁说乡下人都会早起？一辆货车从旁经过，后面拖着一辆小拖车，里面载着一头猪。街道尽头有一座桥横跨在小河上。我坐在矮墙上，凝视了一会儿棕色的河水。我得刮刮胡子了。我想回到瑞克家里，问他借一下剃须刀，但我还不至于真的像个恶棍一样厚颜无耻到如此程度。天早就慢慢变热了，站在阳光下，凝视着身下河水弯弯曲曲地向前流淌，发出低低的呜咽声，这一切都让我觉得有点头重脚轻。不久，一个高大的老男人向我走来，真诚地和我打招呼。他穿着凉鞋，破裂的橡皮雨衣像紧身格子呢布料般挂在肩上，拿着一块厚厚的灰白夹板。他的头发很长，胡子蓬松地纠缠在一起，不知为何，我发现自己在幻想他的脑袋长在一个大盘子上会是哪副模样。他的语气平静，声音洪亮。我一个字都听不懂他在说什么——他看上去似乎失去了口齿清晰正常发音的能力——我突然意识到他站立的方式很奇怪，他就倚靠着那块木板，弯曲着一边膝盖，目不转睛地盯着我，仿佛在宣读他的遗嘱。我看着他的嘴巴在大胡子里张张合合，慢慢地严肃地点着头。事实上，我从不会在女人面前局促不安，更不会惊慌失措。事实上，她们的胡言乱语常常能够抚慰我，让我觉得安心。我想天际新星的爆炸和弃屋中的尘埃落定对她们来说具有同等重要的意义，同样也毫无意义。他结束了谈话，又静静地打量了我一会儿，然后郑重地点点头，别有深意地看了我一眼，转身离开，走过了那座桥。

法官大人，我知道我在陈述自己的计划，但这只是一个广义上的计划，在细节问题上我从来就不擅长。夜晚，当鸡蛋被孵化出来，当那个小东西最初弯曲伸展它那黏湿脆弱的翅膀，我告诉自己当清晨来临，真实的生活重新开始，我会对这样荒谬的想法嗤之以鼻，放声大笑。我也确实大笑起来，但是笑声中饱含着一种思考的意味，我相信，真的，如果我没有被困在那个穴居中，除了孕育自己黑暗隐晦的想法，没有其他事情可以用来消磨时光的话，所有这些事情都不会发生。我也许去查理那里借了钱，回到岛上，将欠艾奎尔的钱还清，带回我的妻子和孩子，重新回到库格朗吉，和母亲言归于好，在那里定居下来，成为我父亲那样的乡绅，快乐地生活在那里。啊——

　　我在说什么？对，我的计划。法官大人，我根本不是个善于出谋划策的人。从一开始，报纸就激动兴奋得忘乎所以——毕竟，这是个愚蠢的季节，我正好给他们提供了源源不断精彩绝伦的报道素材——他们把我描写成一个鲁莽的暴徒同时又是一个心思缜密、心狠手辣、铁石心肠的金毛野兽。但是，我发誓，和其他我所做过的每件事一样，这起事件也是由于我的随波逐流，没有任何计划性可言。一开始我只是半真半假地考虑玩味着这个念头，告诉自己这只不过是某个小说情节，我躺在床上，在瑞克母亲华而不实的酒吧里，像个失眠王子；窗外，星星们无声无息地簇拥在窗前，那么纯真无邪。早晨，起床后，这个念头却又见了光，它已坚固成形，等待执行。奇怪的是，仿佛它是别人想出来的主意，而我只是负责去评估测量，与之保持一定距离也只是最后实际行动前一个必不可少的前奏。我想这也正是我为何会坐在河边的矮墙上，凝视着那奔腾的河水，心中流淌过这种奇异的感觉，这种感觉很难用言语具体形容。我觉得自己变得彻底不像自己了。说得更确切点，我对眼前这个身材高大、体格超重、金色头发的男人非常熟悉，他坐在这里，衣服皱皱巴巴，满脸愁容，玩弄着自己的大拇指，同时，似乎我——眼前这个真实的，在思考的，有意识的我——被困在一个不属于我的躯壳中。不，不，那也不是我真正想说的。身体里的那个我让我感到陌生，比那个让我感觉熟悉的躯壳更让我觉得陌生。我知道，我又在胡言乱语了，我想说的是，身体内的那个我让我觉得陌生，然而，到底是哪个让我感到陌生呢？不，我说得还不够清楚，但这已经不是第一次我有这种感觉了，我经常会觉得自己，怎么说呢，变成了两个人，被撕成了两半，有两个我同时存在。今天，这种感觉格外强烈，比平时更为明显，身体中那个叫巴特的家伙已经失去了控制，想要挣脱出来。他在里面被关得太久了，嘟囔着，抱怨着，骂骂咧咧，我只要一放他出来，他就会口若悬河滔滔不绝。我感到头晕目眩，强烈的恶心让我一阵痉挛。我不知道法庭是否能够理解我当时的精神状态，不仅仅是那天，而是那个阶段的精神状态。我的妻子和孩子被当成了人质，我已经身无分文，每个季度会从父亲那里得到的零花钱还要过两个月才能拿到，看看我，经过一个可怕的夜晚，满眼通红，胡子拉碴，不知所措，无依无靠，心里盘算着那个疯狂绝望的念头，这样的我怎么能不感到头昏眼花，恶心难受呢？

我觉得身后的村子渐渐恢复了生机。我重新走回大街，留神观察会不会碰巧遇到瑞克，那个纠缠不休的小伙子，或者更糟的情况——遇到他的母亲。那天清晨阳光灿烂，露凝霜重，带有一点朦胧之感，仿佛它自己也沉醉在崭新一天的到来中。马路上有几处小水洼，今天将会是阳光灿烂的一天。噢，是的，阳光灿烂。

过了很久，直到我已经站在它的门前，准备推门而入时，我才意识到自己是在找寻瑞克昨晚在附近稍作停留的那家五金店。我伸手推门，铃声响起的同时，我的腿也已经自行迈了进去。

店里光线阴暗，弥漫着石蜡和亚麻籽油的气味，房顶上吊着不少东西，一个矮小粗壮、上了年纪的秃头男人正在清洗地板，他穿着用绒毡做的室内拖鞋，红褐色的店服，这种衣服我还是在小时候才见过。他冲我微笑，点了点头，然后把刷子放在一旁，他没有和我主动说话——无疑这是他的一项职业守则，直到他站到柜台后面，身体略为前倾，脑袋转向一边，他才找回了自己岗位的感觉，如果再戴上一副金丝边眼镜，那就更完美了！我寻思。我立刻对他产生了好感。早上好，先生，他愉快地称呼我，摩搓着双手。我现在已经感觉好多了。他很有礼貌，这种礼貌把握得恰到好处，没有过分的阿谀奉承，也没有哗众取宠的意味。我买了一团细绳和一卷棕色包装纸，还买了一卷绳索——我记得，绳索被紧紧盘成一个圆柱体状，非常像绞刑吏打的绳结——那种又结实又顺滑的麻绳，不是那种时髦的塑料玩意儿。我不清楚要用这些东西干什么，那卷绳索，我只是一时冲动买下的，根本没有经过仔细考虑。许多年了——整整二十年——我从未有过这么单纯、贪婪的购物快感。店员亲切地将我的东西放在柜台上，一边喘着气一边哼着小曲，满意地撅起嘴。这真是令人开心的时刻，在这虚假的世界里，我能买到所有我想要的东西。例如，一把红木柄的手锯，一套黄铜火炉用具，它们的把手做成了蜷缩的猴子状，还有那个白色的釉瓷桶，桶的下部是一圈纤巧精细的淡蓝色。噢，任何东西。这时，我看到了那把锤子，用不锈钢制成的磨得闪闪发亮的锤子，就像从某种敏捷的动物的大腿里抽出的骨头，有着天鹅绒般黑色的橡胶把手和蓝色的锤头、羊角。我是个手脚笨拙的人，从来不会正确地敲进一个钉子，但我承认我一直怀有这样一个秘密的宿愿，哪天我能拥有这样一把锤子。法庭上爆发出更大声的哄堂大笑，那些自作聪明的人发出的粗俗笑声。但是，法官大人，尊敬的陪审员先生们，我坚持这只是一种最纯真的愿望，来自内心深处那个丧失了所有机会的孩子的一种愿望，一种渴望——不，不是巴特，不是他，而是童年时期那个真实迷惘的幽魂——他要得到并占有这件精美的玩具。第一次，我灵魂上的教父犹豫了。还有其他选择，他冒昧地提到，更——一声急促的喘息——更便宜。但是，不，不，我不能抵抗它的诱惑，我必须得到它，就是这个宝贝，就是那把带着标签的锤子。换句话说，就是那把标有"展品 A"字样的锤子。

我把那包东西夹在胳膊下，眼神迷离，踉踉跄跄地走出五金店，咧嘴而笑，像个醉酒的男孩子。那个店员送我到门口，目送我离去。他和我握手告别的方式很奇怪，似乎蕴藏着某种机密，也许他是共济会秘密结社组织的成员，这种神秘的握手方式是为了试探我是否也是他们的兄弟成员？不，我宁愿把他当成一个正直、善良、单纯的人。在这份证词里面这样的人并不多。

我现在觉得自己认识这个村子。事实上，我以前来过这里，该做的都曾经做过了：在清晨的街道上漫无目的地逛来逛去，静静地坐在矮墙上，然后走入商店购物。我也不知道如何解释这种感觉：我仅仅是感觉到了。就像做了一个带有预言性质的梦，然后又将它遗忘了，而这种预言最后却真真切切发生了。但是，随之而来的，那种不可避免的宿命力量影响着那天我做的所有事情——请注意，在我的字典里，不可避免并不等于情有可原而值得宽恕。不，不能，我的血管里同时流动着天主教徒和加尔文教徒[1]两种血液。

这时，我突然开心地意识到今天是仲夏日。

这真是个美妙的村子，如果一个人口音纯正，他可以为所欲为。我想自己正往汽车站走去，看看是不是有去城里的车子，却又鬼使神差或者是情不自禁地来到了村子广场上一个破破烂烂的修车厂。一个男孩子正举着轮胎，嘴里哼哼着不成调的小曲，他穿着比实际尺码小很多的肮脏工作服，头顶上方的墙上挂着一块生锈的铁牌，上面写着：美尔毛斯租车处。男孩停下手里的活，迷惑地看着我，小曲不哼了，嘴巴还撅着。这里可以租车吗？我指着墙上的牌子，用手比划着一个旋转的轮子。他一言不发，只是困惑地皱起眉头，仿佛我问了什么特别奇怪的问题。这时，从收费处奔出一个强壮的女人，胸部很大，尖刻地辱骂起男孩。她穿着深红色的衬衫，黑色紧身裤，高跟露指凉鞋，头发黑得像乌鸦的翅膀，被盘成了奶油蛋卷状，卷发的小圈垂落在肩头。她让我想起某个人，一时之间却想不起具体是谁。她带我来到办公室。我警觉地观察着，桌子后面的墙上钉着许多俗丽的明信片，其中一张是小岛的全景，一张是码头，还有一张是酒吧，那正是我第一次遇到美国佬伦道夫

---

[1] 加尔文教(Calvinist)：16世纪头十年，一位叫马丁卢瑟(Martin Luther)的德国牧师及神学家开始批判罗马天主教派。他的教义导致了基督教的分裂和新教的产生。路德教(Lutheranism)和加尔文教(Calvinism)成为新教的两大主要分支。

的地方。也许，这是一个令人不安的征兆，一种警告。女人用一种猜疑的神情将我从头到脚仔仔细细打量了一遍。我突然想起她像谁了：艾奎尔家里那个大哭大闹的孩子的母亲。

租来的是一辆汗伯车 [1]，巨大笨重，车身很高，车型早已过时，当然也没有老到能被称为老古董的地步，我想这种车应该是为以前那个纯真美好的年代设计的：一家人带着几个孩子外出游玩。车内隐隐约约散发出粪便的气味，我挂着三挡在村子里平静地奔驰，高高地置身在马路之上，仿佛被抬在轿子里一路前行。引擎发出宛如沉闷欢呼般的噪音。我付了五英镑作为抵押，另外用史秘斯的名义签了一份协议（我把史密斯故意写成史秘斯 [2]，带有一种坏坏的小聪明在里面）。

那个女人甚至没看我的驾照，所以对我来说，这真是一个美妙的村子：我觉得身心无比畅快，无比轻松。

说说这次短途外出：我今天去参加了母亲的葬礼。三个便衣警察将我塞进一辆严实的警车，我对这点印象非常深刻。伴着刺耳的驴叫似的警笛声，车子一路飞驰过城市，仿佛回到了我被逮捕的那一天，但却是朝相反的方向驶去。那天早上，阳光灿烂，天气晴朗，秋高气爽，空气中还弥漫着淡淡的烟雾，一些树叶已经飘落到了人行道上。我的心中突然交织起各种奇怪的情绪——陌生，当然，痛苦，甚至还有种病态的兴高采烈混合着甜蜜的悲伤，我不仅为母亲的去世感到悲伤，也许完全不是，而是对身边的一切感到悲伤，也许这是九月常见的忧郁情绪在作怪，让我对周遭的一切产生了陌生感。天上漂浮着朵朵白云，我们的车驶过一条小河，朝落叶纷飞的南面驶去。大海总能带给我惊喜，眼前的大海宛如一块流动的蓝色金属，海面波光粼粼。那三个警察都是老烟枪，香烟一根接着一根。其中一个递了根给我。我没有抽烟的陋习，我

[1] 汗伯车：世界著名的古董车系列。
[2] 史秘斯：史密斯英文的一般写法是 Smith，弗雷迪故意将其写成了 Smyth。

坦率地拒绝。他们礼貌地笑起来，神情尴尬，谨慎地看向窗外，似乎被迫和一个臭名昭著的亲戚一块儿出门，又怕被熟人看见。我们到达了目的地，田野中还弥漫着雾气，篱笆还是湿漉漉的。母亲将被葬在库格朗吉古老的家族公墓里。我不能离开车子，甚至也不能打开车窗，我对这点感到暗自庆幸，我不能想象自己就这么冒冒失失地跨出车门，重回俗世。车子停在公墓附近，我被重重烟雾包围着，透过被浓雾覆盖的车玻璃冷冷地注视着窗外那陈腐的小戏码再次在我眼前上演。块块石碑耸立在公墓中，参加葬礼的人不多：一两个阿姨，一个多年前曾在父亲马厩中工作过的老人，当然乔安妮也在场，可怜的小脸蛋浮肿着，穿着松垮的罩衫和皱巴巴的衬衫。查理也来了，和其他人保持着距离，双手不自然地交握揉搓着。看到他我着实吃了一惊。他真是个正直善良的人，参加这个葬礼对他来说需要多大的勇气啊！他和乔安妮都没有朝我这个方向看，虽然我能肯定他们感觉到了我的凝视。母亲的棺材小得不可思议，放进挖好的洞穴后，还留出很多空隙。可怜的妈妈，我不能相信她就这么死了，我的意思是我还不能完全接受这个事实，似乎把她这样捆起来，只是暂时为其他更重要的东西腾出地方。当然，眼前这种讽刺的情形使我突然想到：如果我能再多等几个月的话，就用不着铤而走险——够了，现在想什么都没用，即便我不在场，他们也能照样宣读她的遗嘱（遗嘱里面也不会有我的名字）。我们最后一次见面时吵得鸡飞狗跳不可开交，也是在那一天我去了白水，踏上了不归路。她从未来监狱探望过我，我不怪她，我也从未带儿子去看过她。她没有我想象中那么坚强。我是不是同样毁了她的生活呢，那个已经魂归西天的女人。

葬礼结束后，查理低着头从警车旁边经过。他看上去有点犹豫，但最后还是改变主意，继续往前走。如果没有身边的警察和紧跟在他身后兴奋莫名的阿姨们的话，我想查理会停下来和我说几句。唉，所有的事情都是一团糟。

就这样，我驾驶着老破汗伯车，脸上挂着傻傻的笑容，渐渐驶离了村子。不知为何，我觉得自己似乎正在逃脱所有的麻烦，它们就像村子一样，在我身后渐行渐远，越来越小，遁入永恒的过往时空。如果我那时候能停下来好好想一想的话，就会意识到我遗留在身后的并不是想当然的那些纠缠不清的问题，相反，是所有对我不利的证据，像杂乱的毛发和鲜血一样，如此清晰可辨又分毫不差。我躲开了瑞克的母亲，没有支付任何房费，还买了一整套窃贼惯用的行头，现在又相当于偷了一辆车——距此五英里之外便是即将来的犯罪现场。法庭肯定会提醒到，这些怎么看上去都不像经过深思熟虑后才得出的计谋（为何我说的其他每件事在你们看来都像是狡猾的辩解，目的是为了恳求法庭对我从轻发落）。事实上，我根本没有多作思考，也不知道什么叫做思考。我很满意当时的状态，驾着车在阳光下沿着黑色的斑纹马路一路行驶，一只手搭在方向盘上，一只眼睛瞥着窗外，呼吸着乡间气息，微风吹拂着我的头发，一切都会好起来，船到桥头自然直。我不知道为何自己会如此兴奋，好似进入了某种臆想和癫狂状态，我告诉自己这只是一场疯狂的游戏，如果我愿意，任何时候都可以停止。

　　终于来到了白水，白水耸立在一片葱郁的树林之上。大门前停了辆空空的观光巴士，驾驶室的门敞开着，司机懒洋洋地靠在台阶上晒太阳。我的车驶进去时，他一路盯着我，我向他挥了挥手。他戴着有框眼镜，面无笑容。他应该会记得我。

　　警察们最后都很奇怪，我怎么会如此粗心大意，光天化日之下开着车大摇大摆地进行犯罪，但你们也看到了，这仅仅是我和贝伦斯两个人的事，也许中间还牵连到了安娜。我从未思考过警察后来追踪调查的，报纸头版头条连篇累牍大肆报道的，和其他任何人描述的各种恶劣卑鄙的罪恶行径。我所考虑的只是两个文明人之间简单直接的生意往来。我态度坚决，立场坚定，但是我会很有礼貌，很懂分寸，仅仅如此。我从未想过通过武力或者威胁解决问题或者提出邪恶过分的要求。后来，当我目睹了那些记者精心渲染的耸人报道——捉拿仲夏夜逃犯——他们就是这么形容的，在他们的报道里，我变成了一个无情无义的狠角色——连我自己都认不出那个家伙就是我本人，我，我无情，我冷血，当然不是。当我开着车向白水驶去时，我根本没想过什么警察，我唯一想到的就是司机弗林，瞪着小小的猪眼睛，拳击手般肥厚的爪子。对，我想起来了，弗林是我要极力躲开的人。

路上看到了什么？

上帝啊，又是这些让人乏味的细节。

路上有个岔口，岔口上竖着一个木制箭头，上面用白色油漆写着：主屋，指向右边。左边也有一个标记，写着：私人宅邸，请勿入内。我停下车，这时，从车窗里可以看见我那张模糊不清的脸，我看了看左边，又看了看右边，就像那些警世录小册子中经常描绘的那样：罪犯在面临抉择的当口犹豫不决。我选择了左边的路，我的心发出一声赞赏的欢呼。

看哪，那个可怜虫放弃了正途，从此走上了不归路。

我绕着房子的南翼开了一圈，最后将车停在草坪上，穿过草坪来到花园。落地窗敞开着。我深深吸了口气，现在还不到正午。田野那头有辆拖拉机正在工作，发出沉闷迟缓的噪音，夏天的声音，我听到了这种声音，轻轻的，遥远的，人类堕落前的那种声音。我将绳索和锤子放在车上，随身只带了细绳和包装纸。我突然觉得一切都是那么荒谬可笑。我大声笑了起来，边笑边跨进房子。

我想每个人都知道那幅画的名字：戴手套女人的肖像。画长 82 厘米，宽 65 厘米，从画中女人的服饰判断，该画应该创作于 1655 年到 1660 年之间。黑色裙子，白色宽领和袖口，只靠一枚胸针和手套上的金边来作装饰，提亮整幅画的色调。她的脸带点东方神韵（这是我从白水的导游那里听来的）。这幅画被认为出自伦勃朗，或者福兰斯·豪兹甚至维梅尔[1]之手，但我们还是把它当做某个无名之辈的创作更安全。

所有这些其实都没什么特殊意义。

我也曾站在其他更恢弘更著名更伟大的作品前面，但是没有哪一幅作品像这个女人的肖像那样，让我如此着迷。现在我的桌前还挂着这幅画的赝品——是安娜带给我的。每当我悉心凝视这幅画时，我的心就会情不自禁地抽搐颤抖起来，画中那个女人盯着我的神情非常特别，眼神中闪烁着的暴躁易怒和沉默坚忍让我无处可逃，心潮彭湃。在这种眼神的逼视下，我几乎无法呼吸。她似乎从我身上渴求着某种帮助，渴求着某种持续的观察和注目，而这些是我觉得自己根本不曾具备的。她似乎在渴求我赋予她生命。

她，当然没有真的她，只不过是一些图形和色彩的调配组合。但是，我还是尽量给她杜撰了一段人生。虽然人们都称她为少女，但我依然把她当做是三十五六岁的少妇。她和父亲生活在一起，父亲是个商人（经营烟草、香料，或者，私底下也贩卖奴隶）。母亲死后，她就代替母亲掌管整个家庭。她并不喜爱母亲。父亲对这个唯一的女儿宠爱有加，视若珍宝。父亲肠胃虚弱，她就亲手调配菜谱，巡视厨房，甚至管理他的酒窖。她在小记事本上记录所有的家庭支出清单，这本小本子用一条精巧的金链子别在她的腰带上，上面是她自己创造的记录编码，因为她从未学过听说读写。她对仆人非常严厉，不允许任何亲密言行发生。下人们对她的厌恶在她眼里是一种恭敬。管理这幢房子还不能发挥她所有旺盛的精力，除此之外，她探望病人，接济贫民。她非常活泼好动，有

---

[1] 伦勃朗、福兰斯·豪兹、维梅尔：三人均为十七世纪荷兰著名画家。伦勃朗（Rembrandt, 1606-1669），其画作体裁广泛，擅长肖像画、风景画、风俗画、宗教画、历史画等。作品采用强烈的明暗对比画法，用光线塑造形体，画面层次丰富，富有戏剧性。福兰斯·豪兹（Frans Hals, 1581-1666），擅长绘制肖像画性质的风俗画。这类风俗画充满了欢乐而爽朗的情绪，画中人看上去健康而愉悦。他以非凡的准确性抓住了人物瞬息间的表情和心理状态，尤其善于描写那种往往会转化为大笑的微笑。维梅尔（Johannes Van der Meer, 1632-1675），与伦勃朗一样，维梅尔被称为荷兰黄金时代最伟大的画家。维梅尔精细地描写一个限定的空间，优美地表现出物体本身的光影效果、人物的真实感与质感。

时候甚至有点莽撞。贫民中，特别是那些老女人总在她背后说三道四，指指点点。时不时的，当春天或初冬来临时，她变得对一切都无法忍受。她的皮肤变得苍白憔悴起来，情绪变得更加焦躁不安，她躺在床上，一连几天沉默不语。外面的世界依然忙忙碌碌。她衷心地向上帝祈祷，但上帝是如此遥远。父亲晚上踮着脚尖，偷偷来探望她。女儿意志如此消沉着实把他吓坏了，他回想起妻子去世前几个星期里那可怕的寂静。他难道也要失去女儿了吗——只是，她没有允许自己永远消沉下去，她又重新站了起来，仆人们很快又见识到了她的伶牙俐齿。但是父亲始终没能消除他的顾虑，女儿的笑声变得很短促，带着虚伪的关爱，一种笨拙的别扭的窃笑。她觉得父亲有点小题大做，重新投入了她的日常工作。当父亲提出要为她画一幅肖像画时，她完全无法理解父亲这种念头。我老了，看看我，老态龙钟！父亲尴尬地笑着，避开她的眼神。我的肖像画？我根本不是模特那块料啊。父亲耸了耸肩，不置可否。刚开始她或许被父亲这一念头吓了一大跳，随后也就释然了：也许父亲正和她唱反调呢。父亲似乎察觉到女儿心中的想法，想说些什么来解释弥补，却显得更加手足无措。看着父亲焦躁烦恼地抓着袖口，她霍然意识到一个事实：她的父亲真的已经老了。这个念头带着一种苍凉的喜剧色彩一闪而过，她自己也无法解释。你的手很好看，父亲试探性地开口，已经对女儿和自己都有点不耐烦了，和你死去的妈妈一样——我们会告诉画师将你的手放在最显眼的位置，重点突出。某天早上，她跟着父亲来到了画师的工作室，一方面让他高兴高兴，一方面她自己也在暗暗好奇。脏乱是画室给她的第一印象。到处都是垃圾和污迹，污浊的盘子上散落着啃完的鸡骨头，角落里放了个夜壶。画师在房间里走来走去，穿着污秽的工作服，留着长长的指甲，长着酒鬼似的布满麻子的塌鼻子。整个地方的气味本来就已经很糟糕了，直到她闻到画师更浓重的口气。她发现自己暗暗松了口气：她本来以为会见到一个年少轻狂浑身散发着危险气息的男子，而不是眼前这种大腹便便的老酒鬼。画师用那湿润的眼神很快扫了她一眼，眼神中带着没有任何感情的冷漠专注，她退缩了一下，仿佛被强光灼射到，从未有人用这种眼神看过她。这些她应该早点知道的——多不得体啊！一开始，他让她站在窗边，光线不适合。他又抓着她的上臂把她从一个地方拖到另一个地方。她觉得自己应该感到愤怒，但平时习以为常的反应在这里统统派不上用场。他比她矮了一个头，他在画布上涂了几笔，算是草图，加了点色彩，让她第二天同一时间再来。第二天来的时候，穿件深色的衣服。好吧！现在得让他听听她的想法了，但是他已经去画别的作品了。她的女仆坐在门边，咬住嘴唇，笑得傻傻的。第二天，第三天，她都赌气没去画室，仿佛存心挑衅。当她后来再度来到画室时，他根本没有提起任何关于她爽约的事，只是盯着她的黑裙子——带有西班牙蕾丝宽领的纯丝黑裙——漫不经心地点点头，她对他这种反应感到非常烦恼，对自己这种情绪又感到深深的震惊。他让她站在长沙发前面，脱掉手套。我要强调你的手，她听出了他语气中那种嗤笑和轻蔑。她拒绝了她的要求（她的手！），他还是坚持让她脱掉手套，双方展开了一番僵持和争论，将冰冷的礼貌之球踢来踢去。最后，她终于作出让步，同意脱掉一个手套，但是又飞速地用另一只手遮住那只赤裸的手。他叹了口气，耸了耸肩，笑了笑，算是妥协。雨水沿着窗子顺势而下，屋顶上游弋着轻烟，天空仿佛出现了一个巨大的银色空洞。刚开始站在那里，她异常焦躁不安，渐渐地，她似乎在暗中跨过了某种障碍，陷入梦幻般的平静。日复一日，都是这样一个起伏过程，从刚开始的兴奋局促到随后的突破释然，再到最后的沉寂无声，一种柔软的情感俘获了她的心房，她觉得自己漂得很远很远，远到自己也找不到了。画师作画时，喘着粗气，嘴里嘟哝着。他暴躁易怒，骂骂咧咧，吐着舌头，不停地叹气抱怨。当他在画布前工作时，时间看上去是如此漫长难熬，她只能看到他那粗短的腿和那双丑陋的靴子，他的脚看上去也是异常忙碌。当他从画架的一侧探出脑袋，神情严肃地打量她时，他的鼻子会不停地抽搐。她很想笑出声来。他不允许她在作画的过程中偷看，瞄一眼也不行。终于有一天，她感到画室里有一声决定性的碰撞声。他神情厌恶，满脸疲惫地后退了几步，漠然地朝画布最后大笔一挥，走到一旁开始清洗画笔。她走上前来，一睹庐山真面。有那么一瞬间，她什么也没有看见，她完完全全被这停顿和转身的单纯情绪控制住了：这就好像——好像灵魂出壳，她从自己的身体里走了出来。过了很长时间，她才能开口说话：胸针画得很美。她自己也被自己的声音吓到了，仿佛在听陌生人说话似的。他笑起来，不是苦笑，确确实实被逗乐了。她感到一阵奇怪的怜悯和同情在心中油然而生。这是一种认识——确切地说她也不知道是什么。她盯着画看了又看，她本来以为就像盯着镜子里的自己，她完全认不出画中的那个自己，但她却了解她，脑海中自然而然地浮出一句话：现在我知道自己该如何离开人世了。她戴上手套，示意女仆离开这里。画师在她身后嚷嚷着她的父亲还有报酬什么的，但她完全充耳不闻。她很平静，很愉快，她觉得全身都失去了知觉，像一具行尸走肉。她走下楼梯，走过昏暗的大堂，重新跨入尘世。

不要被我说的这些唬住了，这些细节根本没什么特殊意义。

我把绳子和包装纸小心地放在地板上，伸展双臂往前走，这时身后的门突然开了，走进来一个穿着粗呢衬衫和羊毛开衫的女人，看见我独自一人站在房间里，挥展双臂站在画前，她停下了脚步。我转过身肆无忌惮地打量她，一只脚来回移动，试图尽量掩盖地上的细绳和包装纸。她留着蓝灰色的头发，眼镜用细绳系着挂在脖子上。她皱起了眉头。我不知道已经说过多少次了，她怒气冲冲地强调，你应该和其他人呆在一块儿。我后退一步，十几个衣着俗艳的人跟在她后面，站在门口，伸长脖子试图看我一眼。对不起，我听见自己温顺地道歉，我迷路了。她不耐烦地摇着头，大步走到屋子中间，立刻换上一种单调平板的语气，大声介绍到：这是加林制作的桌子和贝尔图[1]制造的钟。几个星期后，当警察给她看我的照片，她矢口否认见过我。她身后那些人现在都拖着步子鱼贯而入，贼头贼脑聚集在一起，尽量逃离她的视线范围。他们选好站姿，两手交握于胸，站在那里，仿佛置身教堂，用空洞迷惘的敬畏眼神打量彼此。一个身着夏威夷花衬衫、头发灰白的老家伙冲我眨了眨眼

---

[1] 加林、贝尔图：都是著名的手工艺品制造者。

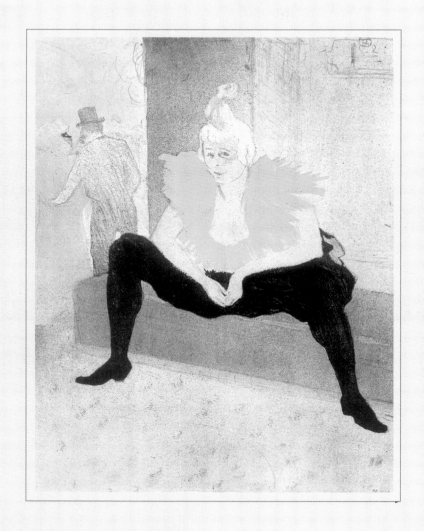

《坐着的丑角》　图卢兹·罗特列克（*Alphonse de Toulouse-Lautrec, 1864-1901*）

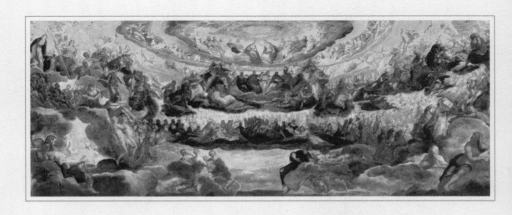

《天堂》　　　　　　　丁托列多（Jacopo Robusti Tintoretto, 1518–1594）

睛，微笑起来。我承认自己当时非常紧张，胃里仿佛打了个结，掌心一片潮湿。来时路上莫名的兴奋早已烟消云散，剩下的只是一些严酷的危险意识。我第一次意识到自己将在这里犯罪的严重性。我觉得自己就像个玩着游戏的孩子，不知不觉来到了丛林深处，夜幕降临，四周杯弓蛇影。那个导游女人已经结束了对屋内所有值钱货的介绍——那幅画，我的那幅画，她只稍微提了两句，并且张冠李戴，将画家也搞错了。她的一只手做作地举过头顶，走出了房间，仍然口若悬河，滔滔不绝，身后那帮人像绵羊一般温驯地跟在后面。当他们统统走开后，我又等待了很长时间，定定地注视着门把手，期待着她重新回来，粗着脖子将我一把轰出去，内心深处某个声音在无助地呻吟，痛苦、恐惧、不知所措。有一点说出来肯定会被人嘲笑——我之前就已经提到过——我是多么胆小怯懦，容易气馁，半途而废。但是，她没有回来。我听见他们上楼的脚步声。我觉得自己就像某部三流电影里的恶棍，全身抽搐，眉头紧锁，眼皮狂跳，我毫不费力地将画一把取下，平放在地板上——避开画中女人那摄人魂魄的幽暗凝视——随后开始撕扯和画相同长度的包装纸。我从未想过这种纸会发出如此巨大的声音，沉重的咔咔声，听上去仿佛是某种体形巨大的东西在这里被活着剥皮。这种感觉真是太糟了！我的双手颤抖不停，全身麻木，那些包装纸还在持续不断地卷回原样，我甚至无法割断绳子，那幅画的边框又厚又重，根本没法包起来。我弯下膝盖，声音尖锐地喃喃自语，发出绝望悲伤的叹息。一切都不对劲。快停下！快停下！我对自己说，现在回头还来得及。同时心中另一个声音却又在咬牙切齿地据理力争，不，你不能停下来，你这个懦夫，站起来，快点站起来。我又用尽全力站了起来，呻吟流涕，抓起画拿在手里，踉踉跄跄地盲目摸索，鼻尖对着画中女人的鼻尖，朝落地窗那里走去。那些眼睛全部凝视着我，我几乎脸红了。这时，我突然有种奇怪的感觉——我该怎么形容呢，我感到在那些注视的眼神后面有另外的东西存在，并且同样观察着我。我停下脚步，把画放在地上，发现她就站在那里，站在敞开的落地窗前，就是前天看到她时的那个样子，眼睛瞪得大大的，举着一只手。我终于痛苦地意识到，这是我所能忍受的极限了，她的出现让我彻底崩溃，我感到极端愤怒，为什么上帝要在我前进的道路上设置如此多的障碍？这不公平，一点都不公平！过来，拿着它，我喝令道，我把画塞进她怀里，扳过她的身体，让她走在我前面。一路穿过草地，她什么话都没说，也许她说了什么，但是我什么都听不见。在草地上行走非常吃力，对她来说，画实在太重了，挡住了全部视线，完全看不清周遭的一切。每当她止步不前时，我就在后面戳她的肩胛骨。我真的气疯了！我们来到一辆车子旁边。巨大的行李箱散发着阵阵鱼腥味，里面胡乱摆放着车上常见的神秘玩意儿——千斤顶、扳手和其他一些杂物——我有没有提过，我从来没什么机械头脑，动手能力差强人意？——里面还有一件脏兮兮的旧工作服，扔在角落里，被其他东西盖住了，一开始我都没有注意到它。我拿出那些玩意儿，扔在身后的草地上，竖起女仆手中的画，把它面朝下放在破旧的编席上。第一次，我看到了画布的后面，立刻被它的年代久远深深吸引住了。三百年前，它也是这样被伸展开，按一定的大小比例被创作出来，挂在石灰墙上等待风干。我闭了会儿眼睛，眼前浮现出一个工作室，一个在阿姆斯特丹或者安特卫普[1]狭窄小巷中的工作室，窗户上闪烁着烟雾迷蒙的阳光，沿街叫卖的小贩在小巷中经过，教堂的钟声响起。女仆盯着我，她有一双异常黯淡的紫罗兰色眼睛，眼珠看上去几乎是透明的，当我迎着她的目光时，我觉得自己仿佛被看穿了，她为什么不逃走？她身后楼上的一扇窗前，十几个脑袋凑在一起，瞪大眼睛注视着我们。我能辨认出女导游那副眼镜，还有那个美国佬讨厌的花衬衫。我想，我肯定发出了一声怒吼，仿佛一头老狮子冲着皮鞭和椅子大声咆哮，女仆瑟缩着往后退了一步。我的手臂宛如铁钳般牢牢地箍住她的腰，猛地拉开车门，一把将她推了进去。上帝啊，为什么她不逃跑呢？我摸索着方向盘，嘴里不停地诅咒，突然，我闻到了一种味道，一种淡淡的、刺激的金属味道，像生锈的硬币散发出的味道。我从驾驶镜中看着女仆，她在后座里蜷缩着，仿佛置身于一

[1] 阿姆斯特丹：荷兰港口城市。安特卫普：一座靠近荷兰的比利时小城。

个玻璃盒中，身体抵着车门，紧贴着椅背，肘部弯曲，手指根根分开，脸庞向前探出，仿佛通俗小说中那些受虐女主角。我的心里又升腾起可怕的窒息的急躁——对，急躁，那刻的感觉特别强烈——除此之外，还有一种难受的尴尬和窘迫。我觉得自己被狠狠地羞辱了，一生中我从未像这样暴露在这么多人面前。那些注视着我的人——后座中的女仆，窗前聚集的游客，与此同时，还有其他一些人，那些幽灵观众们，他们肯定得到了某种暗示，不久就会聚到我身边，着迷惊慌地将我团团围住。我发动引擎，车轮发出尖锐的摩擦噪音。我的情绪是如此激动，甚至控制不了自己的一举一动，不得不一遍遍重复那些最简单的动作。终于车子离开草地得以正常行驶，我猛地踩了下离合器，车子突然不受控制地弹跃起来，摇摇晃晃地向前猛冲，仿佛把人的骨头都要震碎了，引擎盖一上一下，就像大海里起起伏伏的船头，减震器不断发出尖锐的鸣叫。窗前那些观众现在肯定都已握紧了拳头。汗水从我的脸颊上滑落下来，阳光炙烤着方向盘，烫得几乎无法掌握，挡风玻璃上的阳光炫目得让人睁不开眼睛。女仆转动着车门把手，我大喝一声，她立刻停了下来，瞪大眼睛，像个受到责备的孩子。门口，观光巴士的司机仍然一动不动地坐在阳光下。女仆看到他时，拼命地想把窗子打开，但没有成功，车子的机械设备肯定都被震坏了。她握着拳头，敲打起车窗。我转动方向盘，车子笨拙地冲上了马路，车胎发出悠长而尖锐的摩擦声。我们大声冲对方喊叫，就像一对吵架的夫妻，她的拳头猛烈地捶打我的肩膀，一只手从后面绕到我脸上试图抓我的眼睛，大拇指伸向我的鼻孔，似乎要将它撕烂。车子在马路上横冲直撞，我的两只脚同时踩向了刹车，车子划了个弧度，一头冲进了路旁的篱笆，她被猛地弹回了后座。我转过身看着她，手里已经拿起锤子，看到手中的锤子，我自己也吓了一跳。沉默像潮水一样在我们之间慢慢上涨。不要，她惊叫出声，像刚才那样，弯着手臂，紧贴椅背，蜷缩在角落里。我无言以对，心里充满了一种惊愕之情。在原始的暴力面前，我从未直接地体验过他人的存在。我盯着她，第一次真正意义上地打量她，深灰色的头发，粗糙的皮肤，受伤的眼神。她非常普通，但是，莫名其妙地——我也不知为何——她的周身莫名其妙地闪着光。她清了清嗓子，坐直了身体，拂开沾在嘴角的一缕头发。你必须放我走，否则，你会有麻烦。在车子中挥动锤子并不容易。当我向她挥下第一锤时，我以为会听到钢铁敲打骨头时那种尖锐而清晰的声响，但事实上，这更像是打击在黏土或者硬石灰上发出的声音。囟门[1]，这个词一下子窜入我脑中。就像验尸报告后来分析的那样，重击会造成这种伤害。我又向她的头猛地挥了一锤，她的头盖骨坚硬得不可思议——在那种情况下，她可真够倒霉的——第一锤正好落在了她的发际线旁，左眼之上，没怎么流血，只是在发丝中留下一个深红色的显眼痕迹。她摇晃了一下，仍然笔直地坐着，眼神涣散地盯住我。如果这时她没有从座位上突然向我扑来，尖叫着连连捶打我的话，我想我早就停止了对她的暴行，但是，我被她这种反抗彻底激怒了，这种事情怎么会发生在我身上了，太不公平了！痛苦自怜的泪水涌上我的眼眶，我一把推开她，反手拿着锤子，一锤一锤向她挥去，连续的击打猛然将她甩向了车门，脑袋撞到了车窗，鼻子里流出一行鲜血，顺势又流到了脸颊上，车玻璃上也溅到了她的血，凝结成扇型的小血珠。她闭上眼睛，转过脸避开我的攻击，喉咙深处发出低沉沙哑的呜咽。当我的锤子再次向她挥去时，她举起手护住了脸，本来落向太阳穴的击打落在了她的手指上，我听到了手指断裂的声音。我瑟缩了一下，几乎想向她道起歉来。啊！她发出了惨烈的叫声，从座位上滑落到地板上，一瞬间仿佛身体中所有零件都彻底分崩离析了。

又是一阵清晰得让人毛骨悚然的寂静。我从车里走出来，站了会儿，喘着粗气。我感到头晕目眩，照射过来的阳光似乎发生了什么变化，目力所及之处所有的东西都带着水面下的阴暗光芒。我本来以为自己只开了一小段路，还盼望着能看到白水的大门，还有那辆观光巴士，那个向我走来的司机，但出乎我意料的是，道路两旁空空如也，我根本不知道自己身在何处，道路的一边是陡峭耸立的小山，另一边是能透过

---

[1] 囟（xìn）门：婴儿头顶骨未合缝的地方，在头顶的前部中央，俗称"天灵盖儿"。

松林顶部看到的远方，绵延起伏从地平线上渐渐消失。一切看上去都是那么不和谐，就像被草率地涂上颜色，特别是那灰蒙蒙闪着微光的模糊远方，还有那绵延向前没有尽头的道路。突然发现自己手里还攥着那把锤子，我抡起胳膊，奋力一甩，将锤子甩了出去，看着它在空中翻了几个筋斗，划过一条长长的弧线，消失在远处葱郁的松林中。突然，我又弯下腰，呕吐起来，将胃里剩余的早饭统统吐了出来，那早餐仿佛是在另一个世纪另一段人生中享用的，那时的世界和现在已经不可同日而语。

我又钻进车子，眼睛尽量避开后面那个蜷缩的物体。挡风玻璃上的光线斑斑驳驳的，我还以为玻璃被震碎了呢，直到我将手抚上脸庞，才意识到是自己在哭泣，所以眼神蒙眬。这让我稍感振作。我的泪水并不仅仅是懊悔自责的宣泄，更象征着一种更普通更简单的冲动和渴望，虽然我不知道它叫什么，但这种情感是我和这个世界之间剩下的唯一联系。一切都改变了，一切都不一样了，现在的我已经不是当初的我。我的全身都禁不住颤抖起来，一种缓慢黏腻的感觉涌上心头，仿佛我和其他物体——车子，马路，树林，远处的草地——我们刚从空中的大洞落入凡尘，对眼前的所有一切瞠目结舌。我重新抖擞精神，确信车子发动的那一刻，也会有其他什么事会同时发生。一阵可怕的破裂声，一道闪电，或者从我脚下的挡泥板喷出大量黏土。我挂着二档在路上行驶着。气味，气味，鲜血有一种温暖稠密的味道。我想打开车窗透透气，又没这个胆量，我害怕会有什么东西破窗而入——外面的阳光看上去就像鸡蛋的蛋白，湿润黏稠，感觉似乎充满了我的口腔和鼻孔。

我开啊开啊，一路往前。白水离城大概只有三十英里，但我几乎花了几个小时才发现自己来到了城郊。关于这整个行程，我没有太多记忆。也就是说，我不知自己什么时候换挡，什么时候加速减速，什么时候踩油门，所有这些我都不记得了。我只记得自己开着车，仿佛置身于一个水晶泡泡中，在一片艳阳照耀闪闪发光的陌生土地上无声无息地漂浮。我应该开得很快，耳边回荡着一种沉闷而尖锐的轰鸣声，一路蜿蜒奔驰在乡间的小路上。房屋，房产交易所，散落四处的工厂，飞机残骸般巨大的超市，透过挡风玻璃，我梦幻般惊讶地注视着这一切，好像这一切都不是真的。我带着异乡人的眼光打量着一切，几乎不敢相信自己亲眼目睹的，那种熟悉又陌生的感觉，那种游子回到故乡的感觉。我不知道自己要前往何处，我只是开着车在路上行驶，一根手指转动着方向盘，外界一切纷扰与我无关，这样驾车，无疑是非常轻松惬意的。我的一生似乎都在艰难地攀登一根陡峭的绳索，我不停地往上爬啊爬啊，现在终于达到了顶点，触手可及便是晴空万里。我感到自由自在，无拘无束。第一个红灯时，我停下了车子，似乎和周遭的氛围融为了一体。我身处乡间两条小路的交叉口，左边是一棵绿色的栗子树和一排新建的房屋，房子后面是一片绿色的斜坡，孩子们在芳草如茵的斜坡上嬉戏玩耍，小狗在后面蹦蹦跳跳，追逐吵闹。阳光明晃晃地照耀着。很久以前，我的心中就藏着一个小秘密，我由衷地喜爱这样宁静快乐的地方，默默无闻却又极富价值的领地，可以在这里建造房屋，经营事业，操持家庭，悉心照料身边的一切。我将脑袋轻轻靠向椅背，看着玩耍的孩子们，微笑起来。红灯变成了绿灯，但我一动不动。我觉得自己根本不在车里，我的灵魂离开肉体，回到了过去，回到了那个阳光灿烂的记忆角落。突然，我听到耳边的车玻璃传来阵阵敲击声，吓得我差点弹跳起来，一个长了张又大又宽马脸的女人透过车窗观察着我，嘴里念叨着什么，她的模样，上帝啊，让我想起了母亲。我摇下车玻璃，听见了她的大嗓门，没有听清楚她到底在嚷嚷什么，好像是什么交通事故，她问我有没有事，然后将脸凑近，目光越过我的肩头打量着车内，突然尖叫起来。天哪！可怜的孩子！我顺着她的叫喊转过身，后座那里一片汪洋血海，太多了，就一个人的分量而言，她的血实在流得太多太可怕了。一瞬间某个疯狂的念头突然冒了出来，但希望的火苗在升起同时又随即熄灭了。我寻思着是不是真的发生了什么交通事故，只是我没注意到，或者忘记了。某辆超载车从后面撞向了我们，尸体顿时被抛掷出来，鲜血染红了车后窗。我一句话也说不出口，我本来以为她已经死了，但她依旧活着，跪倒在座位中间，摸索着身旁的车窗。我能清晰地听到她的指尖划过车玻璃时发出的尖锐刺耳的短促声响。她的头发已经完全被鲜血染红了，一束束耷拉了下来，整张脸也完全被黏稠的深红血块覆盖了，仿佛戴了张泥塑面具。车子外面的女人孩子般尖声嚷嚷着打电话叫救护车找警察什么的——警察！我立刻转过头，狠狠地瞪了她一眼，严肃郑重地对她说，女士，你能不能不要多管闲事。（后来，她很有可能把我当时的声音描绘成极有修养并且极具威严。）她后退几步，惊讶地瞪着我。我自己也吃了一惊，从未想过自己会用如此具有命令口吻的语气说话。我摇起车玻璃，发动引擎，蓄势待发往前猛冲。这时，交通信号灯又已经变成了红色。太晚了。一辆商用小货车，从左边驶来，吱的一声急刹车，心不甘情不愿地停在我旁边。过了会儿，我又重新启动上路，只开过一两条马路，后面突然窜出一辆救护车，鸣着警报，闪着蓝灯，呼啸而来，将我完全惊醒。我被吓呆了，为什么一切来得如此突然？事实上，这是这起案件中另一个惊人的巧合，后来我才知道，这辆车要找的人不是我，它刚从一起交通事故的现场返回，我很遗憾地告诉你们，他们车上碰巧也有个奄奄一息的女人。那一刻，我根本没有停下车子，还是加速向前行驶着，耷拉着脑袋，鼻子几乎碰到了方向盘。在那种惊惶失措的情况下，我想我也不可能停下来。救护车现在几乎和我的车子并驾齐驱，左突右闪，横冲直撞，像一头发狂的野兽。救护车副驾驶位上的抢救员是个魁梧的年轻人，面色红润，留着窄窄的鬓角，穿着衬衫，用温和而专业的眼光打量着我身后血迹斑斑的车窗。他和司机嘟哝了几句，点着头，咧着嘴，比划着各种复杂的手势，向我传递信息，示意我紧随其后，他们以为我同样来自事故现场，现在正把另一名伤员送往医院呢。他们在前面急速飞驶，我在后面紧紧跟随，沉迷在某种惊惶和困惑中，在我眼前只剩下前面那个四四方方巨大笨拙的东西，一路尘土飞扬，它只管加足马力向前冲。突然它减慢了速度，摇摇晃晃蹿入一扇大门，从车窗里伸出一只手臂，招呼我迅速跟上，正是这只粗壮的手臂将我从魔咒中解救出来，我狂笑一声，紧踩油门，车子咻地一声驶离了医院大门，警报声在我身后越来越远，直至消失，一声惊叹，我又重获自由。

我瞥向反光镜，她还是瘫倒在座位上，脑袋低垂，掌心向上，手臂搁在大腿上。

突然之间，我的左侧出现了大海。从我的脚下绵延开去，蔚蓝一片，波澜不惊。我的车子驶上一座陡峭的小山，从山上顺势而下，继续沿着铁轨旁的水泥马路向前行驶。右边是一家粉白相间的旅馆，造型宛如城堡，屋顶上的旌旗随风飘扬，看上去庞大却又空洞。道路的尽头是一块布满灌木和蓟草的沼泽般柔软的湿地，我将车子停在那里，那无边无际没有尽头的寂静又将我包围起来。我能听见她在车子后面剧烈地喘息，我转头看她，她抬起女巫般可怕的头颅，怯生生地看着我，救救我！她虚弱地开口，救救我！她的口中涌出一个个血泡，不一会儿又迅速裂开。汤米！也许是其他某个发音相似的单词，然后又吐出一个字：爱。我当时有什么感觉？悔恨，悲伤，一种可怕的——不，不，不，我不想说谎，我想不起自己当时是什么感觉，除了一种陌生感，置身在一个我熟悉却又叫不出名字的地方。从车里走出来，我又感到一阵头晕目眩，不得不闭上眼睛，靠着车门站了会儿，外套上早已血迹斑斑，我将它脱了下来，扔向了矮小的灌木丛——我也不知道为什么，警察后来怎么也找不到它。我想起车子行李箱中那件工作服，找出来穿了上去，工作服依然散发着鱼腥味、汗臭味和车轴润滑油的味道。我拿起刽子手用的绳索，也将它扔了出去，然后是那幅画，我走到一处布满铁丝网的篱笆旁，篱笆已经塌陷了，旁边有一条壕沟，溪流在壕沟底部慢慢流淌。我将画一把扔进了壕沟。我也不知道，自己那时在想些什么。也许这是一种宣告放弃的姿态！宣告放弃！我怎么敢用这样的词藻。戴着手套的女人最后轻蔑地看了我一眼，她本来就对我不抱什么希望。我重新走回车子，眼神尽量避开那溅满鲜血的车窗。什么东西飘落在我的头上：下雨了，那轻柔的毛毛细雨无声无息地飘落下来。我抬起头，看向那闪耀的阳光，头顶上方赫然出现了一朵云，夏日晴空中仅有的灰色污迹。我突然想到：我真不是个人。然后我转过身，离开了那里。

第二部

成年之后，我会反复做一个梦（是的，是的，又是梦），这样的梦一年中会出现一两次，梦境过后几天我都会一直被其困扰，和以往的梦一样，这个梦也不是传统意义上的梦，梦里并没有发生什么特别的事情，没什么需要进行特别阐释说明的地方。梦里主要还是一种不可名状又意味深长的难受感觉。最后这种感觉会逐渐发酵膨胀变为恐惧，似乎，很久之前我犯了什么罪，不，说犯罪太过了，我做错了什么事，但不能确定到底做错了什么，也许我走路撞到了什么东西，也许是一具尸体，我将它掩埋之后，就拍拍屁股走开了，随后就完全将它抛诸脑后。多年之后的现在，所有的证据都被重新找了出来，警察们过来审问我，没有任何证据能证明我和这起案件有直接牵连，我也没有任何值得怀疑的迹象。在那串证人名单上，我仅仅是其中一个名字。警察先生们态度温和，轻声细语，带着呆板的恭顺和丝丝急躁。那个年轻的家伙显得特别焦躁不安。我礼貌地回答着他们的问题，带着某种嘲讽的意味，抬起眼睑，挂着微笑，自鸣得意，沾沾自喜，仿佛这是我人生中最精彩的表演，装聋作哑的巅峰之作。我注意到，那个年长的警察眯着眼睛，一直用意味深长的目光审视着我。我肯定说了什么？我到底说了什么？我情不自禁地脸红了，一种恐怖的抽搐弥漫了我的全身。我的言语变得模糊不清，放松的轻笑变成了窒息般的喘息，就像上了发条的玩具，声音越来越微弱，最后只能呆坐在那里，无助又迷惘地看着他们，气喘吁吁。现在那个年轻警长已经变得兴致勃勃情绪激昂起来。突然，可怕的沉默再次降临，波及范围越来越大，我身体中那个沉睡的自己不得不逃之夭夭，我又重新从梦中清醒过来，惊恐万分，汗如泉涌，梦中让人极度恐惧的并不是自己被迫背上莫须有的罪名，被推到法庭上接受审判然后送进监狱里的场景，而是证据最终被发现而我被缉拿归案，这种更直接更可怕的事实，让我莫名惊恐，这种恐惧让我禁不住汗水涟涟，面如死灰，心中感到极度羞耻。

此刻，我还是在水泥马路上匆忙赶路，身边是铁轨，远方是大海，我的心中同样充满了那种羞耻感，我真像个傻瓜。今后的每一天，每个星期，每一年，我都将陷入无穷无尽的麻烦之中。与此同时，却又有一种轻松愉悦涌上心头，仿佛心中大石终于落了地，今后再也不用提心吊胆。自从我找到他们所谓理由的意义后，我就不再是原来的我，思考是一回事，行动又是另一回事，因为事情本身看上去似乎要比思考重要许多，我所说的从来不是我真正感受到的，我感受到的也从来不是我应该感受到的，虽然感觉本身是发自内心自然流露真实可信的，我给了身体中那个人狠狠的一拳，那个吃人恶魔，张着血盆大口，言语污秽，笑容猥琐，在柠檬色朦胧的光芒下，它在我心中不停地捣鼓，呼呼作响，鲜血染红了它的毛发，我只能无助绝望地匍匐在它的背上。往事都已远去，库格朗吉，达芙妮，我的前半生，都已经被我舍弃了，它们精华殆尽，变得无足轻重。做尽坏事——做尽所有最卑劣无耻的坏事——才是获得自由的出路。我再也不需要戴着面具演戏，再也不需要自欺欺人，让自己扮作他人。这个念头，让我的头脑重新运转自如，空空如也的胃又感到沉甸甸起来。

随后，我又开始担忧起那些细枝末节了。身上的这件衣服穿着太紧，还散发着异味，左边裤管膝盖处裂开了一道小口。人们会注意到我今天没有刮胡子，我也强烈渴望能洗洗手，将双手完完全全浸在滚烫的肥皂水中，冲洗一番，让自己全身上下完全湿透，洗涤，擦净，弄得清清爽爽。废弃旅馆的对面是一幢灰色建筑物，曾经一度是个火车站，月台上杂草丛生，信号箱的所有玻璃都被敲碎了，一个斑痕点点的搪瓷标志上面漆着一只可爱的手，指着月台不远处那些水泥木屋群。厕所门边是一丛紫色的醉鱼草，长得蓬勃旺盛，我走进了女洗手间——在现在这种情形下，已经没什么特殊规矩了。这里的空气阴冷潮湿，弥漫着生石灰的味道，墙角里长出某些绿色闪光的东西，所有里面的装饰配件早已被洗劫一空，连厕所门都没有幸免，从地板的情况判断，这个地方现在的使用频率还是挺高的。角落里散落着许多杂物——用过的安全套，褪色的棉絮，甚至还有几块破布——我立刻将眼神从那些破布上移开，墙上还残留着一根铜管，铜管经过常年腐蚀，已经长满了绿锈。上面还有个水龙头，以前这里肯定是个洗手盆。我打开水龙头，水管底部咕咕哝哝地发出几声声响，随即从水龙头里流出生锈的水滴，我竭尽所能地清洗双手，用衬衫的衣角将手擦干。准备离开时，却突然发现指缝中还残留着一滴血，我不知道它从何而来，也许是衣服上的，也许是头发上的，已经凝固了，暗黑的血滴浓稠而黏腻。没有什么东西，车子上的污迹，玻璃上的血斑，她的刺耳尖叫，甚至她临死前的挣扎喘息，能比这滴血带给我的震撼更加强大剧烈！我将双手重新伸到水龙头下面，绝望地揉搓，搓啊，洗啊，擦啊，好像怎么都弄不掉。血迹最后还是被洗掉了，但我总觉得那里还残留着什么东西。整整一天，那温润隐秘的印记，我都能感觉到它的存在，在指缝柔软的血肉间挥之不去。

我不敢回想自己都做了些什么。

阳光依然照耀，我在月台破旧的长凳上坐了会儿。海水是那么蓝，旅馆上空的旗帜愉快地随风飘荡，噼啪作响，四周一片寂静，除了海风吹拂电线发出的轻轻吟唱，什么地方有东西在不停地敲敲打打。我微笑起来，仿佛重新回到了孩提时代，在这些玩具的包围下，做着白日梦。我能闻到大海的味道，沙土中的猫臊味，看到海滩上的船只残骸。铁轨上一列货车喷着浓烟呼哧呼哧远远驶来，铁轨在嗡嗡作响，颤抖哆嗦，似乎满怀期待。身边没有一个人，连个鬼影子都没有，除了远处沙滩上那些盖着毛巾晒日光浴的人，我寻思着，为什么这里会如此荒凉萧瑟呢？也许事实并非如此，也许周遭都是住在海边的人们，只是我没注意到罢了。

怀着对背景事物根深蒂固的热爱和兴趣，我闭上了眼睛，眼前梦幻般地浮现出一个回忆片断，一个影像，无声无息地乍现又泯灭，在它消失前，我试图捕获它，但也只是惊鸿一瞥，只看到一扇大门，我想那扇门必定通往某个暗室，心中突然升腾起某种隐秘的期待之情，好似突然会有什么事情发生，突然会有什么人出现在眼前。

这时，列车驶过，绵长、低沉、缓慢的轰鸣声将我从冥想中惊醒。列车里的乘客们仿佛侏儒般从巨大的车窗里探出头，眼神迷茫地看着我，渐行渐远。我突然意识到，自己应该转过脸去，不让他们看到：现在每个人都是潜在的证人。但是，这有什么关系呢。再过几个小时，我就会被缉拿归案。我又打量了一下自己，深深地呼出一口气，呼吸着这个世界所有的气息，让这种气息将我整个填满，因为不久我就将失去它。三四个男孩子出现在旅馆的场地上。他们跨过蓬乱的草坪，停下脚步，开始向一个写着"待售"两个字的牌子扔石头。我站了起来，叹了口闷气，重新上路。

我乘上了一辆进城的巴士。它是单层巴士，从很远的地方开过来，路线并不固定。车上所有的乘客看上去都互相认识，每个站点有新的乘客上车时，总会爆发出友好的戏谑和嘲弄。一个戴着帽子拄着拐杖的老男人似乎是这个小型旅行俱乐部自封的领队，他坐在前排，就在司机后面的那个位置，僵硬的左腿伸到车子过道里，每看到一个乘客上来，他就会故作惊讶地敲一下拐杖。哦！看哪！他来了！随即又兴奋地转过身，对其他乘客做个鬼脸，仿佛在警告我们走上来的是某个可怕的家伙，其实上车来的只是个脸色惨白的年轻人，手中握着黏糊糊的季票，季票从他紧握的拳头里探出来，好像褪色的舌头。女孩子们亲密地凑在一起，嗤嗤傻笑，那些出门购物的家庭主妇们，不时瞥着那个老男人僵直的腿，开着做作有趣的玩笑。那个老男人的眼神总是有意无意地瞥向我，迅速、短促、略带不安的一瞥，就像经验丰富的演员在演戏时突然发现前排座位上坐着他的债主。我突然意识到，一切都有点戏剧化色彩，其他乘客都像前来观看首演的观众，带着漫不经心无动于衷的神色，他们有自己的乐子可以消遣。在那些闲聊、笑话、亲密背后，他们看上去忧虑重重，眼神中充满了怀疑和疲惫，仿佛心中早就背熟了所有台词，却不知道何时登台表演。我兴致盎然地研究着他们，觉得自己突然有了重大的发现，虽然我不能确定它到底是什么，意味着什么。我呢，我在他们之中又扮演着什么角色？或许是一个舞台工作人员，暗立于舞台一角，艳羡地盯着那些演员。

当车子抵达城里时，我不知道自己要在哪一站下车，每个站点对我来说都是一样的。我觉得必须说明一下当时的实际情况，那时的我本应该害怕得全身颤抖，我的口袋里只剩下一张五镑的纸币和一把硬币，大部分都是外国银币。我观察着，嗅闻着，像个流浪汉，无处可去，身上甚至没有信用卡可供我在旅馆里蒙骗过关，但是，我没有丝毫担忧，甚至没有考虑过这个问题。我心不在焉地随波逐流，带着做梦般的距离感迷蒙地注视着一切，仿佛刚刚吸食了兴奋剂，也许这是一种震惊的表现，也不尽然，我想这更像一种笃定自信，就像随时会有一只手从背后抓住我的肩膀，可怕的警告声陡然响起。现在他们肯定已经知道了我的名字，四处都会散播着对我的各种描述。穿着臃肿的夹克衫、眼神凌厉的警察们在街头穿梭，搜寻我的踪迹。贝伦斯家肯定知道是谁偷走了那幅画，但他们会闭口不宣。我身后留下的那一长串证据呢？那些见过我的人，瑞克，艾奎尔，五金店的店员，还有那个在红绿灯下向我走来、长得像我母亲的女人，现在的我只是傻坐在这里，这些人怎么样了呢？法官大人，我丝毫没有怂恿蛊惑潜在罪犯的意图，但是，我还是不得不指出，罪犯要逃避一切所作所为远走高飞其实比人们想象中简单容易得多，那段辉煌的日子——人们通常会引用这样的词语——在他们还没有找出罪犯之前，那段辉煌的日子是如此容易打发，足够用来进行某种筹划。如果我没有像之前那样鲁莽行事，稍微动一下脑子的话，我现在就不会身处此地了，现在的我肯定置身于某个阳光灿烂的国度，在宽广的天空下，疗治心中的负疚创伤，但那时候的我并没有停下来好好考虑一番，我下了车，朝正对着自己的那个方向走去，我相信，命运已经在前方等待着我，在法律面前张开了双臂，准备拥我入怀。缉拿归案。我内心咀嚼着这个词，它带给我深深的安慰感，就像某种放松休闲的承诺。我像喝醉了酒似的在人群中踉跄前行，惊讶地发现他们对我一点都不害怕，周遭都是一片喧哗吵闹匆忙混乱的景象。一群赤裸着上身的男人们在路上用气钻钻洞，车辆的喇叭声四处咆哮，挡风玻璃反射着刀锋似的火辣阳光，汽车顶盖不停地抖动，空气中弥漫着令人厌恶的炙热的蓝色烟雾，我已经不适合城市生活了。我意识到即便自己在这里奋力挣扎，还是会不由自主地向前移动，就像那些不花一分力气游泳的人，时间，时间能够拯救我，我敢肯定。这里是三一教堂，银行，福克斯商店，以前父亲都会来这里进行朝圣旅行，每次都是大张旗鼓地购置他的圣诞雪茄。我的世界，我已经和它彻底决裂，被它彻底抛弃了。一种深沉冷静的自怜情绪涌上心头，仿佛自己就是那些可怜的无家可归的流浪汉。太阳无情地照耀，仿佛天空中一只巨大的眼睛，高悬在街道上空的重重雾霭中。我买了块巧克力，三口两口吃个精光，随后继续前行，又买了份晨版晚报，其中没什么重大新闻，我扫了一眼，扔在地上，继续蹒跚前行。一个流浪儿拣起了它，从我身后追了上来，先生！——我对他表示感谢，他咧开嘴笑了，我几乎要失声痛哭起来，就这样站在那里，睡眼蒙眬地打量着自己，一个懵懂的废物。人群还在我身边不停地穿梭，无数脸庞，无数胳膊，那是我情绪最低落的时刻，无助而惶恐，我下定决心自我放逐。为什么以前我从未想过呢？"自我放逐"这样的前景对我来说是极具诱惑力的，我想象自己被温柔地抬了起来，经过一个个凉爽雪白的房间，最后来到了一个寂静的地方。一个对投降者来说的奢侈之地。

但是，我的脚还是不由自主地走向了沃利的酒吧。

酒吧关着门。我不知道为什么。开始还有个荒唐的念头，它的关门大吉和我有关，他们发现我曾经来过这里，所以它不得不停止营业。我推了推门，透过玻璃窥探屋内动静，里面漆黑一片。我只能退了回来，酒吧隔壁是家小小的古董时装店，两个憔悴的女孩子，面无表情一动不动站在店里，眼神空洞迷惘，宛如花朵般娇嫩和苍白，仿佛她们本身也是展示的一部分。当我开口和她们说话时，她们只是将从烟熏般的眼睛中透出的冷漠目光游移到我身上，圣时[1]时间，其中一个女孩说道，另一个女孩子苍白地咯咯笑起来。我傻笑着走出服装店，重新回到酒吧，用力敲打着大门，不一会儿，里面终于传来了踢踏踢踏的脚步声和开锁的声音，看到我站在门口，沃利不耐烦地问道，你要干什么？街上斜射过来的阳光使他不停地眨着眼睛，他穿了件紫色丝质睡衣，踩着双不成样子的拖鞋，嫌恶地上上下下打量着我，我胡子拉碴，衣服航脏。我告诉他我的车子抛锚了，需要打个电话。他轻蔑地哼了一声，讥笑着说道，打个电话！好像是他这辈子听到的最好玩的笑话，他耸了耸肩，反正也差不多是营业的时间了。我跟着他走进酒吧，他的小腿粗壮、苍白，没有一根汗毛。我突然想起最近在哪里看到过类似的其他人。他旋开了吧台后面一盏灯，灯散发出粉红色的光芒。电话在那儿，他朝我努了努嘴。我问他能不能先喝杯杜松子酒。他对我嗤之以鼻，眼神中充满猜疑，脸上露出了怪笑，你撞车了吧？我一下子没反应过来他在说什么。哦，不，不，车子只是突然停了下来。我有点凄凉地自嘲道：这算是我回答的第一个问题，而我并没有撒谎。他去为我调酒，紫色的睡袍让他看上去就像个牧师，他将酒杯递到我面前，撑着肥硕的手臂坐上脚凳边缘。他已经知道我出了什么事，我能从他急切而轻蔑的眼神中判断出来，但他无法启齿向我问出心中的疑惑。我冲他笑了笑，喝着酒，从他进退两难的尴尬处境中获得了些许乐趣。午睡片刻真是个好主意，你说呢？他一点也不觉得这有什么好笑。身后阴影靠近，一个头发凌乱的年轻小伙子出现在我面前，身上只穿了条松松垮垮的短裤。他厌恶地扫

---

[1] 圣时：天主教的一种宗教仪式，司祭将圣体供奉在祭台上，长达一小时的宗教敬礼，面对面向耶稣倾诉心声，其间诵读并默想圣经、歌唱圣诗、赞颂祈祷等。

了我一眼，问沃利报纸来了没有。嘿，把我的报纸拿去吧！我把报纸扔给他。报纸在我手中不断地挤压揉捏，简直变成了一根结实的棍子。他把报纸摊开，嘴唇翕动地念着头条。那些该死的投炸弹的家伙，该死的疯子！一边念一边咒骂。沃利用可怕的眼神冷冷地扫了他一眼，小伙子立刻把报纸丢在一旁，挠着屁股走开了。我举起酒杯让沃利再来一杯。在这里喝酒还是要付钱的，我想这点你应该明白，沃利说道。我们这里接受现金。我将最后的五英镑给了他。微弱的阳光透过百叶窗投射进来，洒在地板上。沃利在重新为我倒酒，看着他肥厚的背部，我考虑是否要将我做过的一切统统告诉他，这看来非常可行，我告诉自己，没什么事情能吓倒沃利，他是个见过大场面的人，我可以相信他。我想象着当我将所作所为一并向他倾吐时，他扬起一边眉毛，撅起嘴，尽量隐藏起鄙视猥琐的目光。坦白一切的念头让我的精神为之一振，这是如此精彩绝伦而不负责任的想法，整件事情不过是一场狂欢，一次过火的玩笑。我喝着酒悲伤地笑出声。你看上去就像一坨屎，沃利自以为是地评价着我。我又要了杯酒，这次要双份的。

我的脑海中又清晰地响起了女仆的哀求：不要！

那个鬈发小伙子回来了，穿上了紧身牛仔裤和闪亮的绿色紧身衬衫。他的名字叫桑尼。沃利让他接替酒吧的工作，自己摇摇晃晃地回屋去。睡袍鼓鼓囊囊地随着身体的移动飘荡起来。桑尼慷慨地在我的酒杯中加了绿薄荷，又加了些冰块，随后坐上脚凳，蠕动着他那窄小的臀部，兴致勃勃地问道，你是新来的？他的语气中故意带着一种非难的味道。不，我不是新来的，你才是新来的。说完，我又傻笑起来，对自己的回答非常满意。他瞪大了眼睛，抱歉，我想也是这样。沃利回到吧台，换下了睡袍，刮了胡子，涂了发油。我又要了一杯双份的酒。我的脸已经绷得紧紧的，仿佛戴了一张泥塑面具，差不多半醉半醒，眼前的一切看上去都变了个样，确切地说，这也不能算是醉，而是一种豁然开朗，几乎是一种出离于酒醉的清醒。一群从剧院里出来的演员走进了酒吧，昂首阔步，高谈阔论，他们看见了我，彼此点了点头，一副兴高采烈的样子。让我们说说拉夫厂牌[1]吧！其中一个提议，桑尼吃吃笑起来。我突然冒出个主意，也许行得通，就让他们当中的一个将我带回家藏起来，那个涂着睫毛膏和血红指甲油的麦克白夫人，或者是那个穿着哑剧中丑角的衬衫正在开怀大笑的家伙，有何不可呢？那就是我应该做的，今后就生活在演员当中，练习演戏，磨练技巧，学习那些高贵的仪态，体味其中的细微差别，也许不久我就会从中顿悟到精髓，将我的角色扮演得滴水不漏，拥有足够的自信在人群中，在巴士车上的那些乘客中，在所有人当中找到属于自己的位置。

直到查理走进酒吧，我才意识到自己等的一直就是他。查理，亲爱的老朋友。我的心中涌起了老友间的亲切感，一种几乎想要拥抱他的冲动。他穿着深色白条纹上衣，随身携带着笨重的看上去极为重要的公文包。虽然三天前我们才见过面，但看到我的第一眼，他还是装出不认识我的样子。也许，以我此刻胡子拉碴、眼睛圆瞪的样子，他是真的没能认出我。他说他以为我回库格朗吉去了。我说我回去过了。他又问候了我的母亲。我告诉他母亲曾经中过风，我故意在这点上强调了一下。我觉得自己甚至可以流出一滴眼泪。他点了点头，视线越过我的左耳，裤袋中的银币叮当作响。我们之间有片刻的沉默，我吸了吸鼻子叹了口气。突然，他又愉快地重新问我，你又踏上了你的旅程，不是吗？我耸了耸肩。他的车坏了，不是吗？沃利调侃道，发出讨厌的咯咯笑声。查理同情地皱了下眉头。真的吗，你有没有事？他缓缓地开口，语气中听不出有任何强调的意味。身后那些演员突然尖叫起来，如此刺耳尖锐的叫声甚至连玻璃都产生了共鸣，但查理纹丝不动，似乎根本没有听见，连眼睛都没眨一下。如此完美的姿态。他可以一瞬间出现在这里，下一秒又可以消失无踪，他笔挺地站着，黑皮鞋紧紧并拢，公文包就靠在脚边，一手握拳放在吧台上——对，我能看到——另一只手握着威士忌酒杯，酒杯靠近嘴唇，似乎一不小心误闯此地，不得不和这里的人喝几杯小酒，闲聊片刻，保持他的绅士风度。即使整个晚上把酒言欢，他也能

[1] 拉夫厂牌：英国独立音乐制作品牌。

自始至终保持这种若即若离的腔调。是的，查理将它们完美地融合在一起自成一体。

我喝得越多，发现自己越喜欢查理，特别是当他付钱的速度和我喝酒的速度不相上下时。但是，绝不仅仅是因为这点，我曾经——现在——一直都是真正地敬爱他，我想前面已经提到过这点了。我提到过他曾为我在研究所找了份工作吗？我读大学那几年，我和查理一直保持着联系——至少他一直与我保持着联系。他喜欢把自己当成是我们家族的老朋友，以一个叔叔的身份关心照顾这个家族聪明的独子。他带我去各地品尝美食。整个爱尔兰都曾经留下过我们的身影，我们徒步去卡勒[1]旅游，每年我过生日他都会带我去杰默[2]吃晚餐，然而，这些精心策划的节目从未成功，很多时候都是乘兴而来败兴而归。我害怕别人看到我和查理在一起，每当我皱起眉头，焦躁烦恼时，他也总会陷入一种不安的忧郁中。当我们分手时，突然会有一场发自肺腑的真心交谈，但这也仅仅是一种掩饰得很糟糕的如释重负，然后我们就会转过身，充满负疚感地各走各的路。但查理并没有因此泄气放手，当我带着达芙妮回来的那天，他带我们去谢尔勃尼[3]好好喝了几杯，并且按照他的说法，我也许愿意在研究所里小试身手，帮那些家伙一把。我那时仍然有些神志不清——我们刚刚结束一次冬季横渡，实际上就是乘着蒸汽邮轮旅行——当他这么说的时候，显得如此缺乏自信，故意换上一副不值一提的口吻，过了好一会儿，我才意识到他正在给我介绍一份工作呢，他急切地向我保证，这份工作离我的住所很近，就隔着一条街，几乎也称不上是什么工作，更像是一种消遣——薪水可观，前途似锦，从他那种恳切殷勤的态度中，我立刻察觉到，所有这些其实都是看在我母亲的面子上。那么，你意下如何？他牵强地笑着，露出一口黄牙。一开始我着实有些恼火，随后又觉得有点意思，有何不可呢？

如果法庭允许的话，我想简略回顾一下我在研究所的那段日子。在

[1] 卡勒：爱尔兰地区之一。
[2] 杰默：爱尔兰一家著名饭店。
[3] 谢尔勃尼：爱尔兰首都都柏林的一个地方。

我的印象里，那段日子仍然不能让我释怀，一想起来就隐隐不安，我也不知道为什么。接受那份工作让我始终有种荒谬的感觉，以我的聪明才智根本不值得去干那种差事，但这也不能全然解释我所受到的羞辱。那也许只是我人生中的某个瞬间——我又在胡言乱语什么，我早就说过我的人生中根本没有哪个特定的时刻，一切都只是缓慢绵长地兀自向前漂浮着。如果对那些回忆有任何留恋怀疑的话，研究所那段日子是最具有典型性的。研究所在一幢巨大的灰色石头建筑中，这座建筑无疑从上个世纪开始就已经耸立在那里了，峻峭的侧翼，弯弯的拱壁，卷曲的雕刻花纹，还有那黑色的大烟囱，都让我想到一艘仿古的豪华远洋客轮。没有人确切知道我们到底要干什么，我们整天就做些数据调查，制作厚厚的报告，报告中充塞着各种图标和流程图，还有复杂的预估数据。政府有关部门接到这些报告后，会表示一番郑重其事的褒奖，过后就将这些东西永远地束之高阁。我们的主管是个高大、疯狂的男人，他总是叼着黑色烟斗，一只眼睛不时抽搐，几束头发垂落到了耳边。他总是在各处巡视，永远不会呆在办公室里，对所有的建议请求，他都报之以尖锐的大笑，试试把这个问题留给首相吧！说完，就大步走开，转头呵斥，一路吞云吐雾。员工们在这种工作环境中不可避免地都带有那么点癫狂的迹象，每个人都没有固定的工作职责，人人手中都在偷偷忙着私活。有个经济学家，设计了一套有安全装置的系统用以赌马，一天，他突然激动而颤抖地用手扣住我的腰，在我耳边急促地低语着让我尝试一下这个系统，随后怪事就发生了，我也不知道为什么，从那以后他就对我产生了怀疑，发展到后来甚至不和我说一句话，在走廊里看到我也是远远躲开。这种情况让我极为尴尬，因为他是被选派出的经济学家之一，而我为了能使用计算机不得不和他打交道。这台机器就在我们活动范围的中间，使用时间有严格规定，除非获得罕见的特权，才能打断其连续工作。它一刻不停地在地下室的白色机房中飞速运转，处理着各种资料。夜里，会有三个神秘、邪恶的人守护着它，一个战犯和其他两个陌生男孩，一个男孩的脸被毁容了。我在那里呆了整整三年，我也不是极端的不开心，我只是觉得，仅仅觉得有那么点荒谬，那么点尴尬。在这件事上，我永远不会原谅查理。

　　我们离开酒吧时已经很晚了。夜色像玻璃般澄净透明。我醉得很厉害，查理一路照顾着我，同时担忧着他的公文包，将其紧紧地夹在胳膊下。每走几步，我都停下来告诉他，他真是个好人，不，我威严地挥着手，不，我必须说出来，你真是个好人，查理，真是个好人。我大声呜咽，不时干呕出声，我的感觉好极了，如释重负，摇摇欲坠，欢天喜地。我突然想起查理和他母亲住在一起，对此，我也报以同样的哀泣，我悲伤得大喊出声，她怎么样了？那个虔诚的女人？查理没有回答，假装充耳不闻。但我对此追问不休，最后他愤怒地摇了摇头，终于给出了答案：她死了！我试着拥抱他，但他躲开了我。马路上有个洞穴，洞穴的四周用红色和白色相间的带子围成了一圈警戒线，带子在微风中飘荡。这是昨天汽车炸弹爆炸的地方，查理对我说。昨天！我大笑起来，跪倒在洞穴旁边，双手捧着脸笑个不停。昨天！旧世界的最后一天。等在这里，我去叫辆出租车。查理说完就走开了，我还跪倒在那里，像个被抱在怀中的孩子，滚来滚去，满怀柔情地低声吟唱。我感到非常疲倦。真是漫长的一天。我已经走得太远。

我在破碎的阳光中醒来，耳边是逐渐消失的尖叫声。映入眼帘的是松软塌陷的大床，棕色的墙壁和一股潮湿的霉味。我觉得自己置身在库格朗吉父母的房间里。我又在床上躺了会儿，注视着天花板上滑动的如水灯光。突然记起了所有的事情，我紧紧闭上眼睛，将头深埋在手臂中。黑暗在咚咚作响。我从床上爬起来，摇摇晃晃地来到窗前，惊讶地看着窗外纯真无邪的蓝色大海和天空。远处海湾中，白色的帆船在风中转变着航向。窗子下面有个小小的石礅码头，码头上是弯曲的海岸大道。一只巨大的海鸥飞了过来，在玻璃上振动着翅膀，发出尖锐的叫声。它们肯定把你当成我母亲了，查理在我身后说道。他就站在门口，围了条脏兮兮的围裙，手里拿着煎锅。母亲以前一直给那些鸟喂食。查理继续解释。他的身后是一片白色的难以琢磨的光亮，从此我就只能生活在这样的世界中，任凭这种光将我灼伤，而我无处可逃。我打量了一下自己，发现自己全身赤裸。

　　我坐在空旷的厨房里，坐在高大污秽的窗子下，看着查理在浓烟中准备早餐。阳光下，他的状态看上去不是很好，头发灰白，身形消瘦，下巴上留有干结的刮胡子留下的肥皂沫，混浊的眼睛下面是青肿的眼袋。除了围裙，他还穿了件羊毛开衫，里面是一件脏脏的条纹背心，还有松垮下垂的法兰绒裤子。母亲常常等到我离开后，将剩下的食物都扔往窗外，说到这些，查理摇着头，笑出声，真是个可怕的女人，太可怕了！他给我端来一个盘子，放在我面前，盘子里有熏肉片、烤面包和煎成半熟的鸡蛋。这些，他说道，是为一颗悲痛的心所准备的。我飞速瞟了他一眼，一颗悲痛的心？我昨晚对他吐露了什么，酒后吐真言？噢不，查理从来不会开这种玩笑。他重新回到炉子那儿，点燃一根烟，摸索把玩着火柴。

好吧，查理，我告诉你，我可能遇到了些小麻烦。

一开始我觉得他根本没在听我说话。他显得没精打采，神情懒散，带着梦幻般的空虚迷茫，嘴巴张开，一边的嘴角有点下垂，微微扬起眉毛。过了一会儿，我才意识到他这样做是别有用心，是多么老练圆滑。好吧，如果他真的什么都不想知道也没关系。但我想让我的叙述保存下来，如果他做好了倾听的准备，我早就已经全盘告诉他了。我静静地让这种沉默流逝，随后问他是否可以借用刀片，如果可以还想借一件衬衫和一条领带。当然可以，他回答的时候根本没有直视我的眼睛。事实上，从我起床开始，他就没有接触过我的视线，他的眼神总是有意避开我，让自己在茶壶和煎锅间忙忙碌碌，好像害怕他停下来会有什么可怕或尴尬的事情发生，而他又不知道如何面对处理。我觉得他对我产生了怀疑。他不是个傻瓜（或者从某种意义上来说，他不是个大傻瓜）。我想事情也许没那么复杂，他仅仅是不知道如何适应我的存在。他显得坐立不安，烦躁异常，不停地移动东西，把东西塞进抽屉和碗柜，随即又将它们重新拿出来，心不在焉地喃喃自语。没有几个人会经常光顾这里。昨晚我为他流泪痛苦的感觉现在又卷土重来。他会照顾我。我一口喝干了茶，闷闷不乐地盯着面前一动未动已经凝固起来的油炸东西。外面有车子在鸣喇叭，查理惊叫一声扯去身上的围裙，快速奔出了厨房。我听见他在房间里跌跌撞撞地来回走动，片刻之间，他又出现在我面前，穿着西装，胳膊下夹着公文包，戴了顶粗俗花哨的帽子，这顶帽子让他看上去就像饱受骚扰、烦恼不堪的赌徒。你现在住在哪里？他的眼睛看向我左肩的一个点，皱起眉头问道，库格朗吉还是其他什么地方？我没有回答，只是恳切地看着他。他"噢"了一声，慢慢点着头，慢慢往后退去。突然之间我却不想让他走了——一个人，他走后，我将一个人孤单地留在这里——我急匆匆地跟在他身后，让他重新折回来，让他告诉我炉子怎么用，在哪里找钥匙，如果送牛奶的人来我该说什么。看得出来，他被我这种过分的热情和执著吓坏了，并且产生了略微的警惕。我一路跟着他来到客厅，在他踏出前门时仍然说个不停，他小心翼翼地点着头，脸上始终挂着凝固的微笑，仿佛我是个——呵，我不得不说，仿佛我是个危险的罪犯。一路狂奔上楼梯，我来到卧室，目送他走过楼下的小路，戴着那顶可笑的帽子，穿着松垮的衣服，看上去就像矮个儿小丑一样滑稽。街道的路边石旁停了一辆大型的黑色轿车，两根排气管谨慎地排放着淡蓝色的废气。司机非常魁梧结实，几乎没有脖子，穿着深色衣服，敏捷地从座位上跳起来为查理打开后座的车门。查理抬头凝视我站立的窗口，司机顺着他的目光也一同看向我。他们眼里的我，只是玻璃后面倒映出的一张模糊不清的脸，眼神迷离，胡子拉碴，活脱脱一个末路狂徒的形象。车子。车子平稳地开走了，绕过海港大道，转了个弯，消失无踪。我没动，额头抵着玻璃，眼前是满满的夏日晴空，就像那样，站着一动不动。所有的一切都是如此精巧有趣，白帆点点的大海，粉白的房屋，远方模糊的水中陆地，宛如橱窗里展出的玩具世界小模型，玲珑别致令人赏心悦目。我阖上双眼，记忆深处的片断又涌了上来——门口，暗房，那迫近的感觉——但这次，我所回忆起的似乎并不是自己的过去。

寂静如同背部的肿瘤在肆意肿大膨胀。

我从厨房匆忙地拿了盛有煎蛋和变硬了的火腿薄片的盘子，三步并作两步，重新奔回卧室，打开窗子，爬上了窗外狭窄的铺着锻铁的阳台。迎面吹来一阵强大的暖风，让我精神一振，有片刻无法呼吸。我抓起盘子里剩余的东西，抛入空中，海鸥飞扑而下追逐这小片美食，发出惊喜贪婪的尖叫。一艘白船从陆地后面静悄悄地映入眼帘，在阳光下闪闪发光。食物扔完了，我将盘子也扔了出去。我也不知道自己为何要这么做，只是像掷铁饼那样将它扔了出去，看着它越过马路和港口的高墙，咚的一声落入海中，溅起高高的水花。我的手指间还留有熏肉的余温，指甲里残留着蛋黄。我爬回房间，用床单擦拭着手，觉得既兴奋又恶心，心脏怦怦直跳。我不知道自己在做什么，也不知道接下去要干吗。我自己也不认识自己，我已经变成了一个陌生人，深不可测，危险异常。

我将整个房子都探索了一遍，以前从未来过这儿。房子很大，很荒凉，阴暗凉爽；深色的窗帘，棕色的大件家具，地毯上有一块块秃斑。说房子肮脏也不尽然，只是充满了一种陈腐的气息，所有的东西在一个地方摆放了很长时间但从未移动过，甚至连空气中都弥漫着灰暗和沉闷，房子的生命精华早已消失殆尽。所有地方都能闻到未发酵成酒的葡萄汁以及在茶壶里放置太久变得异常苦涩难喝的茶还有旧报纸发出的味道，每个角落都能找到普通甜蜜的小摆设，我想这些肯定是查理的母亲留下的。如果我说自己是个难以取悦、挑剔苛刻的人，恐怕又会引起一片哄笑，但事实如此，我就是这种人。开始在查理的物品里挑挑拣拣、细细刺探之前，我的心中早已涌起了阴霾，我怕自己会从中发现什么。他那些悲伤的小秘密和我的相比，和其他任何人的相比，并不会显得更加龌龊，然而，正像我搬开了一块石头，所有的秘密都蜂拥而出，我禁不住浑身颤抖，为他也为我自己感到羞耻。尽管如此，我还是硬着头皮继续搜寻，最后终于得偿所愿。他的卧室里有一张拉盖书桌，我拿着厨房用刀，踮着脚后跟，蹲下身子撬起了锁，汗流浃背，流出的汗仿佛都是酒精，花了十分钟才将锁撬开。书桌里面是一些钞票和一个放着信用卡的塑料皮夹。还有一些信——来自我的母亲，还有其他人，都是三四十年前写的。我没有看那些信的内容，我也不知道原因，只是将它们连同钞票和信用卡一起虔诚地放了回去，将书桌重新锁上。我走出房间时，对着镜子将脸上的表情换成了略带羞耻的浅笑。那个德国人，他叫什么名字来着，说得完全正确：金钱是一种抽象的幸福。

浴室在底楼的转角处，木头的单坡屋顶，一个煤气烧水锅炉和一个巨大的爪形支脚浴缸。我蹲伏在洗手池边，用查理外面裹着肥皂沫的剃须刀刮去长了两天的胡子。我本来以为自己长出了络腮胡，可以作为伪装来掩饰我的真面目，只是我已经失去太多，不想让我的脸也消失不见。刮胡镜的镜面凹凸不平，泛着银光，我的脸在镜子里被放大了——宽宽的凹陷的下巴，一个鼻孔里长满了鼻毛，还有一颗转动的眼珠——上下左右警惕地转动着，就像深海调查用的球形潜水装置玻璃前隐现的不明生物。刮完胡子，我跨进浴缸，闭上双眼，任凭热水从锅炉中喷洒下来。这种感觉太美好了，感到慰藉的同时还有种被灼伤的惩罚快感，要不是最后煤气用完的话，我或许就这样在浴缸里呆上一整天，陷在自己的思绪中，所有的事物都置身在那轰鸣诡异的黑暗中。张开双眼时，有种眼冒金星的感觉，我轻轻地一路滴着水蹚到查理的卧室，犹豫许久该穿什么。最后，我挑了件深蓝色的丝质衬衫，还挑了个颇有花花公子派头的领结配这件衬衫。当然，黑袜子也是必不可少的——又是丝的：查理从来不会亏待自己——他总是穿着一条深色的裤子，松松垮垮但剪裁精良，款式老旧，却又总能成为当季时尚。当下，我没内衣可穿：一个在逃的杀手也有他的人生信条，而我的信条就是阻止自己翻看另一个男人的抽屉。我自己的衣服——散落在地板上，看上去非常突兀，仿佛等待着被人用粉笔在地板上描出轮廓——我一把抱起衣服，别过脸，来到厨房，将它们统统塞进了塑料垃圾袋里。然后，我洗净烘干了早餐用过的餐具，手捧肮脏的抹布站在地板中央，突然间女仆沾满血污的脸像露天马戏场陈列台的展品那样一下子跳到我眼前，我不得不坐了下来，全身紧绷颤抖不停。你也看到了，我一直选择遗忘，我已经完全把这件事抛诸脑后，很长一段时间，我都没有去想它。我的脑袋需要休息放松一下，才能正常配合工作。我无聊地打量着这个巨大阴冷的厨房，不知道查理是否会注意到少了一个盘子。为什么我要将盘子扔进海里呢？为什么我要这么做呢？还未到正午，时间已经将我完全吞噬在无尽的黑暗中。我来到前面的几个房间——房间里有整洁的窗帘，大大的餐桌，玻璃下面有只肥胖的猫头鹰公仔——我站在窗边眺望大海，那一片蔚蓝令人心悸。我缓慢地来回蹚步，停顿，聆听，心都跳到嗓子眼了。我期望听到什么呢？什么都没有，只有远处传来的其他东西的隐隐噪音，滴答滴答，叮当叮当，好像引擎熄火时的声音。我想起童年时那些相似的日子，每天也是如此奇怪和空虚，那时的我像个幽灵似的，轻手轻脚地在悄无声息的房子里走来走去，毫无存在感，在那里走来走去的只是我生命中的更为立体充实的一段记忆，一个影子，来自我在别处多姿多彩的生活。

我不能再说下去。所有的这些，还有我自身都让我感到恶心。

每分每秒。每时每刻。

时间就这么流逝吧。

我现在唯一的感觉就是恶心作呕。让我稍微形容一下这种感觉。现在，我就坐在这里，囚衣下面不着寸缕，肌肉松弛下垂、苍白憔悴，宛如包装低劣的猪肉般被衣服束缚捆绑着。我就像个被绳子捆绑的动物，站起身，靠后腿来回走动，所到之处洒下一路看不见的皮屑。我的身上长满了虱子，它们舔舐着我的汗水，将它们的嘴刺入我的毛孔，吞噬着所有在那里发现的脓液。还有那些龟裂的皮肤，那些裂缝，那些口子。头发，想想那会是怎么样的头发。而这些都还仅仅是表面，想象一下身体内部的情景：紫红色的心脏收缩跳动着，肺叶鼓动着，更深的地方，黏液工厂永不停息地工作着。生气勃勃的腐肉，沾满了黏膜液体分泌物，对那些蠕虫来说还未完全熟透。呵，我必须——

镇静，弗雷迪里克，镇静下来。

今天达芙妮来看我了。这没什么好奇怪的，她每个礼拜都会来。作为还押在审的罪犯，我有不受限制被探视的权利，但是我没有将这点告诉她，即便她知道了，她也不会说什么。我们喜欢这种相处的方式。每个平凡周四的探视时间虽不能说是某种离奇的仪式，也算得上古怪奇特的了。所有的探视都被安排在一个四四方方的房间里，房间很高很宽敞，天花板下面嵌着狭窄的小窗。一层夹板和一面玻璃，还有某个丑陋的装置，将我们和我们的至爱亲友分开，我们只能通过消过毒的塑料格子窗和他们尽可能地交谈。这种虚拟的隔离检疫是最近才发明的玩意儿，我们被迫接受这种做法，我们得到的解释是：这样可以隔绝毒品。但是，在我看来，这种做法完全是让这种有趣的毒瘤潜伏在我们身边，直至后来在此处孵化孳生。这所房间有点像水族馆的鱼缸，比如墙上镶嵌的绿色玻璃窗，头顶上高高投射下的灯光，还有从塑料格子窗外面传来的宛如水中冒泡的声音。而我们这些鱼缸里的居民，弯腰驼背端坐在里面，小心翼翼地将身体的重量靠在交叠的手臂上，脸色苍白，面孔浮肿，眼神迷茫，像寄居在鱼缸底部无家可归的甲壳类生物。我们的探访者和我们生活在完全不同的环境中，他们在社会中的位置比我们明确得多，他们在世界上更加紧张热切地生存着。有时我们能捕捉到他们一闪而过的眼神，混合着好奇和同情，还有一丝厌恶，让我们触目惊心。他们肯定感觉到了，肯定倾听到了我们强烈的渴望之情，宛如美人鱼动人的歌声，从分开我们的玻璃中传来的高调悲鸣。他们对我们境遇的关注没有带给我们任何的安慰，反而让我们更觉悲痛和忧伤。这是一周中我们最脆弱的时刻，我们渴望宁静无声的沟通，彬彬有礼的端庄。从头到尾我们都如坐针毡，唯恐某人的妻子或女朋友突然跳起来大喊大叫，用拳头垂打着格子窗，大声哭泣。如果真出现这样的场面那将非常糟糕，过后，那个当事人的丈夫或者男朋友就会成为我们同情和敬畏的焦点，仿佛他的亲人刚刚过世一般。

不必担心达芙妮会做出这么失礼的举动。每时每刻她都保持着一种端庄宜人的姿态。就像今天，当告诉我有关孩子的事情时，她只是低低地轻声细语，眼神避开我看向别处，脸上带着一贯的淡淡的疏离神情。我承认，我被她这种做法惹恼了，我也不想掩饰这一点。她早就应该告诉我她带孩子去做了检查，而不是像现在这样拿着一份意想不到的诊断书让我过目。她古怪地看了我一眼，头歪向一边，几乎是微笑地对我说，你觉得惊讶吗？我故意将脸转到别处，不作任何回答。我当然觉得惊讶。我知道孩子肯定出了什么问题，我一直知道——很久以前我就告诉过她，在她还没准备好承认所有的事实之前。从他开始蹒跚走路，他的样子就显得不对劲，他那小小的骨瘦如柴的腿总是颤颤巍巍、小心翼翼地迈开步子，仿佛害怕从怀里掉出什么大件的东西，让他无法控制，他总是困惑而可怜地看着我们，就像地底洞穴中昂首往上看的小动物。你带他去了什么地方？我问，哪家医院？他们具体怎么说？她耸了耸肩。他们都是好人，非常有同情心。那个医生和她谈了很久，告诉她，这种病例很罕见，叫什么综合征，我忘记了具体的名字，反正是某个瑞士或者瑞典人名字打头的综合征——这不重要，重要的是他将永远不能正常开口说话，永远不能正常行动。他的大脑出了问题，好像缺少了某种重要的部分。她将医生告诉她的解释重复给我听，但我已经心不在焉了，几乎什么也没听进去。一种疲倦和厌烦向我袭来，我觉得昏昏欲睡。他的名字叫范，我提到过吗？我的儿子范，他今年七岁了。如果我有可能从这里出去的话，那时他都已经三十几岁了吧！上帝啊，几乎和我现在一样大。一个大孩子，库格朗吉的父老乡亲会不无亲昵地称呼他：一个大孩子。

我不能哭，不能，如果我哭了，就永远也停不下来了。

下午，我又重新撬开了查理的书桌，拿了些钱，冒险走向了码头上的书报亭。没来由的，我感到自己异常兴奋，一踏进店里，我的胃就不由自主地绞紧了，觉得自己正费力地穿过某种厚厚的、阻力极大的介质。我身体中某部分希望——不，是渴望——自己能够逃过此劫，就像童话故事中，所有的事情都能倒转，邪恶的巫婆最终会消失，魔咒最终会被破解，少女最终会从沉睡中苏醒过来。当我拿起报纸的一刹那，仿佛魔法真的发生了，报上没有任何关于女仆的新闻，有的只是一些对爆炸及其后果的进一步报道。我买了三份早报，一份晨版晚报，注意到柜台后面那个脸上长着青春痘的女孩子严厉地盯着我（这是否也可算是一种事后诸葛亮呢？），然后我就拿着报纸匆匆往查理家跑，我的心跳得飞快，仿佛胳膊下夹了份色情画报一样。我又重新回到了查理家里，将报纸放在厨房的餐桌上，又冲到了浴室，激动兴奋中几乎都可以抬起腿小便了。一阵狂热的摸索后，我终于找到了一瓶只剩四分之一的杜松子酒，扬起头好好喝了一口。我想找点事情做，但没什么事好做，我的脚像灌了铅一样，步伐沉重地踱回了厨房，慢慢地坐在桌边，将报纸摊开。一份早报上，有关于爆炸的一些报道，报道被压缩在爆炸幸存者的照片下面，照片上幸存者坐在医院的病床上，裹着绷带。晚报上有篇更长的报道，上面也有张照片，照片上是我在旅馆场地上看到的那些玩耍的男孩们，是他们最先发现了女仆。有一张女仆的照片，照片背景模糊，她的眼神肃穆庄重，肯定是从某张婚礼或者舞会的集体照中被抠出来的。照片上的她，穿着一条又长又丑的裙子，配着精心缝制的领口，手里攥着什么东西，好像是些花。她名叫约瑟芬·贝尔。报纸上还有更深入的报道，一张贝伦斯的档案照片，一幅白水的全景照，还有关于贝伦斯收藏品的文章，文章中错字连篇，年代混淆。记者专门来到了乡下对约瑟芬的母亲——布丽奇特·贝尔进行采访。她是个寡妇，报纸上也有她的一张照片，笨拙地站在村舍前，脸盘很大，线条粗糙，穿着围裙和老旧的开襟羊毛衫，麻木沮丧地盯着镜头。她的女儿是个好姑娘，端庄得体，为什么有人会杀害她呢！她对记者说道。突然之间，回忆又席卷而来，我看见她坐在血泊中，看着我，嘴里吐出鲜红的血泡。直到那刻我才意识到她叫唤的不是"汤米"，而是"妈咪"。她先吐出了"妈咪"，然后是另一个字：爱。

我在查理家里度过的那段日子是我一生中最奇怪的一段日子，比我刚到这里的前几天更加匪夷所思，让人迷惑。置身在那些房间褐色的阴暗中，外面是灿烂的阳光海岸，我觉得自己仿佛悬浮在了半空，密封在细颈瓶中，和所有事物都隔断了联系。时间被分成两段：一种是钟表时间，静静地缓慢地向前流逝，另一种是我脑中的时间，这种时间在脑袋里不断地激流勇进，狂热冲动，就像身体的主发条发生了故障，其他部件都不受控制地疯狂旋转起来。我花了几个小时上上下下，在厨房里宛如站岗放哨般走来走去，弯着腰，驼着背，手插在口袋里，兴奋地谋划，不曾意识到自己转身的距离在越变越小，直到最后，我突然打了个冷战，倏地停了下来，像个跌跌撞撞误入网兜的动物般迷惑地打量着自己。我可以长时间地站在楼上的大卧室里，站在窗边，背抵墙壁，观察外面的马路，时间如此漫长，有时候我自己都忘了到底在看什么。这个地方交通疏朗，不久我便认出了一些固定的行人，隔壁屋子里那个橙色头发的女孩子，那个面容安详略带忧郁的家伙，总是挎着销售员那样的样品包，还有老年人，每天总在同一时刻出来遛狗，或者拖着脚步慢悠悠地走进商店。总之，我决不会将这些人和即将前来捉拿我的声色俱厉的那些人搞错。他们会将这间房子团团包围，破门而入，我想直到那时我才能一睹他们的庐山真面目。不管如何，我还是站在那里，观察着，看上去就像个饱含渴望的恋人而不是在逃的罪犯。

　　一切都改变了，一切。我从以前的自己完全脱离了出来，直到现在我的生活还仅仅是个毫无分量、没有任何实质感的梦。当我回首往事，

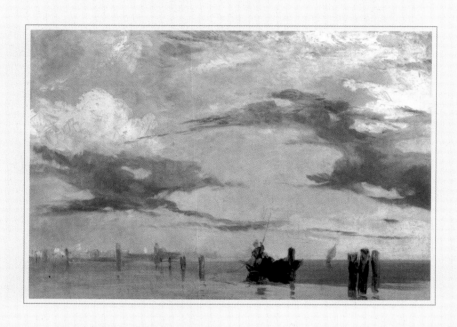

《威尼斯附近礁湖的景色》　波宁顿（*Richard Purkes Bonington, 1801–1828*）

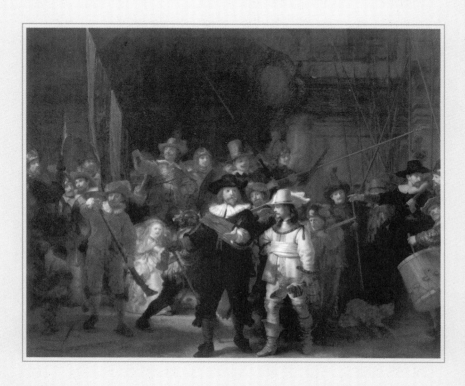

《夜巡》 伦勃朗〔*Rembrandt van Rijn, 1606—1669*〕

记忆中的那个我仿佛是另一个人，一个我从未见过的人，但我对他过去的一切都了然于胸，如数家珍。过去的一切只不过是部生动精彩的小说，然而，真实的现在，情况也好不到哪儿去，依然没有任何可靠的具体的东西。我觉得自己头重脚轻，悬浮在空中，姿势尴尬别扭，随时都能和其他物体撞个满怀。脚下的地面仿佛蹦床般绷得紧紧的，我必须站着一动不动，防止任何意想不到的颠簸摇晃、危险的跳跃和反弹。周围的空气中弥漫着忧郁和空虚。

我无法直接回忆起我的所作所为，就像试图目不转睛地盯住炫目的强光，那光线太强烈，太刺眼，让人无法集中精神。这种现象让人费解，即便如此，当我承认确实犯过罪时，我也不太确定自己到底在说什么。请不要误会，我并不想犹豫退缩，也没有试图在证据面前遮遮掩掩。我坦率地承认我杀了她，如果重新回到当时的情形，我知道我还会这么做，并不是因为我主观上想要杀害她，而是因为我没有其他选择。所有的一切都会和当时一模一样，这是个为我设计好的圈套，那树林中的月光，所有的一切都注定了这样的结局。或者也不能说我并不想杀她——只是，我不能确定何时我兴了这种念头。我惊惶失措，急躁难耐，她突然攻击了我，我的手不由自主地向她挥去，挥击变成了殴打，有了第一下就有第二下——这就是所谓事件的最高潮，或者我其实想说的是事件的最低谷——然后导致了后面发生的一切。整个过程中，我能肯定地说，没有任何时刻我是下定了决心要杀死她。下定决心？——我觉得这称不上是一种决定，我甚至不认为这个过程中有任何思考的成分。我身体中那个庞然巨兽只是看准了机会，跳了出来，口吐白沫，又踢又蹬。它和这个世界结怨已久，打算好好算一笔账，而她，正好是它当时的目标，我无法阻止它。我能吗？毕竟，它就是我，我就是它。事情已到了无法挽回的地步，我根本无力改变。或许这就是罪行最关键最致命的地方，我任凭事情发展到了不可收拾的地步，我没有保持足够的警觉性，我没有将伪善进行到底，我让心中的猛兽胡作非为，最后让它错误地以为牢笼的门已打开，它重获自由，没有任何禁令，可以肆意妄为。

我第一次在法庭露脸后，报纸就指出当所有的罪行被公之于众后，我没有任何悔过自责的迹象。（他们希望看到什么呢？我痛哭流涕，捶胸顿足，撕毁衣服？）他们总是愚蠢地希望发生点什么可供他们大肆发挥。悔过自责暗示着渴望得到原谅之心，而我知道自己犯下的罪行是不可饶恕的。我可以假装伤心欲绝，懊悔万分，难过自责，但这些又有什么意义呢？即便我的内心深处确实涌起这些情绪，但是这能改变什么吗？大错已经铸成，任何痛苦和后悔都不能改变什么。是的，完了，结束了。我的前半生却是碌碌无为，一事无成——我也立刻意识到，犯罪带来的后果将会没完没了，无穷无尽。我告诉自己，要承担起那个词语带来的所有后果和重担。杀死约瑟芬·贝尔，让我毁了这个世界的一部分。那些锤子的重击粉碎了所有的回忆、感觉还有希望——简而言之，生命本身是不可代替的，但必须做些什么来弥补这种缺失。我因杀人之名被拘捕关押，我以局外人的平静和冷淡接受了这个事实，他们会说我这样是恶有恶报，确信用高高的墙壁将我关押起来苟延残喘，无疑是达到了他们所谓的平衡。按照因果报应、赏罚分明的原则来说，他们无疑是正确的：无论如何这样的平衡是最佳的消极做法了。不，不，重要的不是我具有象征意味地被判死刑——我理解这种想法，但不知道这到底有何意味——而是能让她起死回生。这就是所有的一切。

　　晚上查理回来了，他谨慎地将脑袋贴在门上，仿佛门上放了个水桶，会突然从天而降。我站立不稳，充满深意地看着他。我已经喝光了所有的杜松子酒，不得不开始喝威士忌。我没有喝醉，只是陷入了一种麻木的兴奋中，仿佛刚刚从牙医那边接受完冗长复杂的诊断后回来似的。耳畔新一轮嗡嗡声下面是潜伏的宿醉，等待着伺机而动。我全身的皮肤又热又干，眼睛灼烧般地疼痛。干杯！我傻笑出声，冰块在杯中碰撞。查理闪到一旁，打量着我的全套行头。希望你不介意，我说道，虽然我们的尺寸不太一样。呵呵，我已经老了，身体萎缩了。查理阴沉沉地一笑。从他的表情中，我清楚地知道他一直期待当他回家后发现我早已离开。我跟着他来到大厅，他脱掉那顶赌徒风格的帽子，将它和公文包一起挂在泥炭栎[1]帽架上，又折回餐厅，给自己倒了杯威士忌，然后旋开有螺旋盖的瓶子倒了点苏打水在威士忌里。他喝了一小口，在那里站了会儿，仿佛动弹不得，一只手插入口袋，皱起眉头盯着自己的脚。我的出现完全打乱了他晚上的安排。他放回了威士忌瓶子，没有问我是不是还要来一杯。我们又慢吞吞地踱回厨房，查理穿上了围裙，在碗碟橱中和昏暗的架子上翻来翻去，找寻着可以生火的东西。忙碌的同时，不时转过头来，心不在焉地和我闲聊，斜向一边的嘴角叼了一根香烟，烟熏得他紧闭上了一只眼睛。他在和我说刚刚做成的一笔买卖，刚刚买进的一幅画，或者其他类似的东西。他这么做，怕的就是停下来后让人难堪的沉默。不过，我也没真正在听。我看着他将半瓶泼米络[2]葡萄酒倒进锅子，一寸烟灰也掉了进去，他徒劳地想用勺子将烟灰捞起来，无奈又懊恼地嘟哝着。你可以想象那对我意味着什么，他说道，事实上是和我心爱的画作告别啊！我郑重其事地点点头。事实上，我的脑中浮现了另一幅画面：查理置身在他那狭小的画廊里，在某个穿着皮草、涂着厚粉、冒着臭汗的婊子面前，弯腰鞠躬，摩拳擦掌，那个婊子的丈夫给了她一笔钱，让她挑选个小玩意儿作为生日礼物。突然之间，我觉得非常沮丧非常疲倦。

他端起锅子，不小心把汤洒在地板上。在这些锅碗瓢盆面前，他总是显得笨拙，在他手里，这些器具突然变得不听使唤起来，摇晃着旋转着从他的手里滑落。我们将盘子拿到餐厅，在桌边坐下，猫头鹰公仔凝视着我们，眼神直勾勾的，充满敌意。我们喝完了剩下的泼米络葡萄酒，查理又拿了一瓶过来。他依然在滔滔不绝地念叨他的生意经，避开我的眼神，微笑着打量着周围的地板，家具，壁炉中的火炉用具，仿佛这些平常的小玩意儿突然之间展现出前所未有的崭新魅力，吸引了他的

[1] 泥炭栎：长期埋藏在泥炭田中的变黑栎树，用于制作装饰品。
[2] 泼米络：法国著名葡萄酒产地。

全部注意力。下沉的夕阳在我身后高高的窗户外照耀着，投射进满室阳光。炖汤的味道就像烧焦的皮毛，我将盘子推到一边，转过身眺望外面的海港。窗玻璃上有一道闪着微光的裂缝，阳光，游艇，镀金般的海面，让我想起了在加利福尼亚的日子。我是如此疲倦，如此疲倦，我早该放弃，早该像微风那样随意漂浮在夏日的黄昏中，无声无息，漫无目的，自由自在。查理将煮得过烂的剩余物拨弄在盘子边缘。你看到报上关于宾基·贝伦斯家的报道了吗？我给自己重新倒了杯酒。没有，发生了什么事情，查理？

　　顺便说一句，如果没有酒精带来的麻醉和抚慰，还有其带来的致命后果，我不知道自己又会做出什么事来？那些天，我几乎总是在一种酒醉的平衡中摇摇晃晃地冲向另一种平衡，就像在狭窄的踏脚石上踉踉跄跄地流浪、逃亡。甚至是酒的颜色，杜松子酒的蓝色和葡萄酒的红色，在这起案件中不都具有那么点象征意义吗？也像我在法庭上证词的颜色？既然现在我已经完全清醒，回首往事，我意识到不仅仅是那个时候，我的整个人生都带着醉意，不是极致的狂欢纵饮，对于毫无节制的狂饮，我知道自己迟早会头痛欲裂地从中清醒过来。呵，对，这是复仇的宿醉。

　　我回忆中那个夜晚后面的时光，只是一连串清晰沉闷的震惊，就像在梦中慢慢地从楼上摔下来的感觉。就像当我知道父亲在外面养了个情人，我的第一反应是惊讶，随后才是愤怒。我一直以来就是他的不在场证明，就是他的挡箭牌！星期天下午，邓莱里游艇俱乐部外面，我在车后座坐了好几个小时，而他这时候正忙着和他的花哨情人做爱。她的名字是珀涅罗珀[1]——上帝啊，珀涅罗珀，多么可笑的名字。我想知道，他们是在哪里认识的，他是不是为她另筑了一个小爱巢，对他来说是个精美温馨的避难所，门上挂着玫瑰，卧室天花板上镶着镜子？查理耸了耸肩，他们的幽会就在这里，他说道。一开始我并不相信。这里？我惊

---

[1] 珀涅罗珀(Penelope)：希腊神话中斯巴达人伊卡里俄斯(Icarius)和仙女珀里波亚(Periboea)的女儿，英雄奥德修斯忠实的妻子，丈夫远征 20 年，期间她拒绝了无数求婚者。

叫出声。这里？但是，怎么——他又耸了耸肩，露齿一笑。我的母亲，并不介意他们过来。有时候，她甚至邀请他们来和她一块儿喝茶。她和珀涅罗珀交流编织的针法和样式。你也知道，母亲了解——说到这，查理停了下来，颧骨龟裂的皮肤上出现了两朵红晕，手指迅速在衬衫领子里滑了一遍。我等待着。她知道，我喜欢你的——我喜欢多莉，他最后终于说了出来。那一刻，我觉得自己头昏脑涨，还没等我开口，查理又继续说了下去。宾基·贝伦斯如何同样地追求着我的母亲，他如何邀请我的母亲去白水做客，拼命用酒灌醉我的父亲，这样他才不会注意到宾基狩猎般的眼神和不规矩的双手。事后，我的母亲会将所有的经过都告诉查理，他们一起开怀大笑。此时此刻的查理，摇着头，叹着气，可怜的宾基，他叹息。我完全被惊呆了，傻傻地坐着，试图握正酒杯，感觉就像孩子第一次听到神迹：这些古老骇人带有缺陷的人物，还有他们那些阴谋诡计、敌对仇视和无望之爱，交织充满我的整个思维，在耳边嗡嗡作响。整个叙述过程，查理的态度都是就事论事，带着留恋和自嘲，就像我根本不存在，只是偶尔带着淡淡的惊讶注视着我的惊呼和喘息。你呢，我问道，你和我母亲——？我几乎问不出口。他眯起眼睛狡猾地看了我一眼。

把这瓶酒喝完吧，他说道。

我觉得他说了更多关于我母亲的信息，但我都不记得了。我记得后来给母亲打了个电话，盘腿坐在大厅的地板上，四周一片漆黑，眼中含着泪，电话像青蛙般蹲伏在我的大腿上。她的声音听上去是那么遥远，仿佛空旷之地传来的声响，到我耳边时，已经变成了微弱的低鸣。弗雷迪，你喝醉了。她问我为什么不回去，即使没什么特别的事，也该把包带走。我想告诉她，母亲，现在的我怎么能回家呢？我俩都沉默了一会儿，她接着告诉我达芙妮给她打了电话，问我在什么地方正在干什么。达芙妮！我已经很久没想到她了。透过大厅深处的门口，我看到查理在厨房里走来走去，摆弄着锅子盘子，装成没有在试图偷听我俩谈话内容的样子。我叹了口气，叹气变成了一声小小的呻吟。妈妈，我遇到了大麻烦。电话线路里有噪音，或者说是从我脑中发出的噪音，就像很多双翅膀一飞冲天时的噪音。什么？母亲在那里叫着，我听不见，你说什么？我笑了起来，两行热泪滑落到鼻子边。没什么，我冲她喊，没什么，忘了吧！突然，我又继续问她，你知道珀涅罗珀是谁吗？你认识她吗？我被自己的行为惊呆了，为什么我要问这个？为什么我要伤害她？那边沉默了一会儿，随即又笑了起来。那个婊子？我当然知道。查理已经来到了门口，一手拿着抹布，一手拿着盘子，站在那里看着我。他背着光，我看不清他的脸。又是一阵沉默。你把自己逼得太紧了，弗雷迪，母亲最后吐出一句，依旧是遥远的带着回响的声音，你太钻牛角尖了。我不明白她这么说是什么意思，直到现在依然不明白。我等了片刻，她没有继续，我也不想再说什么。这是我们之间最后的交流。我轻轻放下听筒，心力交瘁地站起身。一个膝盖已经麻木了，我一瘸一拐地走进厨房。查理弯着腰，卷起袖子，在水池里洗碗，嘴里仍然叼着一根烟，背后的马甲扣子松开了。他前面窗外的天空是一片淡淡的靛蓝色，我的一生中从未见过如此美妙的晴空。

查理，我嗓音颤抖地开口，我需要一笔钱。

我从来不是个爱哭的人，但是如果现在有任何人流露出仁慈善意的含蓄暗示的话，都会让我像个婴儿般号啕大哭起来。那时那刻，查理坐在餐桌旁，签着支票——现在我还保存着这张支票：细长的黑色潦草字迹，无法辨认的签名，一个角上的拇指印——我试图抓住他那斑点丛生的手，我觉得自己是想以亲吻表示感谢。他说了一小段话，我记不清具体内容，只知道里面出现了我的母亲，还有达芙妮，甚至珀涅罗珀也出现在其中。我怀疑他是否喝醉了？他在我的视线里时隐时现，与其说是我眼神模糊产生的幻觉，还不如说是他自己的踌躇不决吞吞吐吐。噢，查理，你早就应该留神你那在细枝末节上的怀疑直觉，那天晚上你早就应该将烂醉如泥毫无防备的我扔到屋外。

后来的记忆是：我跪倒在抽水马桶前，呕吐不止，赤褐色的酒精混合着纤维状的肉末，还有胡萝卜残渣。看着眼前吐出的污物，我感到一阵惊愕，仿佛它们不是呕吐物，而是某种怪诞诡奇却营养丰富的东西，从我内脏深处涌出的深色矿流。周围的一切看上去都在摇摆，闪耀的黑暗和黑暗中的事物在我周身不停地旋转，仿佛我自己正乘坐在玻璃旋转木马上缓慢地转悠。随后，我记得自己倒在了楼上凌乱的大床上，颤抖不停，汗如浆涌。屋内有隐隐光亮，窗户看上去就像个深深的泛着幽光的黑匣子。我睡着了，似乎只过了片刻，又醒了过来，阳光正照耀在我的脸上。房子里静悄悄的，我不能听到却能感觉到屋内持续的铃声。床单被汗水浸湿了，乱作一团。我一动也不想动，感觉自己像水晶般脆弱，甚至连头发都似易碎品，宛如遭遇静电般根根竖立。我能听见血液在血管里宛如水银般急速沉重地流淌，感觉脸庞又热又肿，摸上去却是不可思议的柔滑：洋娃娃般的脸庞。当我闭上眼睛，感觉眼睑里涌起一片深红色的阴影，跳动，消失，又重新跳动起来，仿佛黑暗中炸弹爆炸后反复出现的残像。当我咽下口水时，耳边的铃声变得更为尖锐。我又开始打瞌睡，梦见自己在火热的湖上漂浮，重新醒来时，已经是下午了。窗子里透出的阳光密集、平和、纯净，就像是直接从回忆中闪耀出来的光。我的嘴巴又干又涩，脑袋里仿佛充满了空气，自童年时代以来，我还从未再次体会过这种带给人感官上刺激与快感的沮丧和悲伤，这称不上是一种疾病，只是暂时的纾缓和片刻的喘息。我在床上躺了很长时间，一动不动，看着天色变换，倾听着世界小小的噪音。阳光渐渐消失了，孤星升起，天空从淡紫色变成紫红色。突然之间，夜幕降临，在夏日温柔的夜色中，我半梦半醒，似睡非睡，恍惚中看见母亲出现在面前，年轻的母亲微笑着，身上的丝质衣服发出沙沙的声响，她将手指放在嘴唇上，走出房间时和我道了声晚安，而我对这一切丝毫都不惊讶。母亲根本没有出现过，是查理，他警惕地打开门，铰链发出叹息的声响，他伸长乌龟似的脖子，朝屋内窥视着我，我闭上眼睛，他轻轻地退了出去，走下了楼，楼梯随着脚步声吱吱作响。我的脑中出现了另一道门，另一片黑暗——这样的记忆片断又不属于我——等待着，大气都不敢喘，等待着某物某人的出现。但什么也没发生。

这种忽冷忽热的感觉第二次来袭时，便是我独一无二罪犯生涯的终结之时。第二天我醒来时，狂热已经褪去。我伸展双臂，躺在黏湿纠结的床单里，静静地呼吸。感觉自己刚刚结束在漫及腰际的水中疯狂的跋涉，最终来到了海滩上，筋疲力尽，四肢颤抖，一切又仿佛归于平寂，我活了下来，又重新找回了自己。窗外，海鸥悲鸣，四处寻找查理妈妈，它们张开僵直的翅膀飞上飞下，仿佛是系在弹力线上的道具。我颤巍巍地起身，穿过房间，来到窗前。外面风和日丽，阳光灿烂，大海泛着粼粼波光，一片充满危险的蓝色汪洋。石头海岸下，帆船上下浮动回旋，紧扯系泊处的绳索。我转身离去，那种明朗欢快仿佛正在谴责我，我穿上查理的睡衣，下楼来到厨房。四周一片寂静，宁静的晨光中，一切仿佛被施了魔法，一动不动。我没有食欲，从冰箱里找到一瓶矿泉水，将它一饮而尽，淡而无味，带着隐隐的金属味道。我坐在桌边，双手捧着脑袋，皮肤一粒粒地呈现木纹状，仿佛皮肤的表层都起了皱附着了灰尘。查理吃剩的早餐还残留在桌上，散落的还有点点烟灰和放着香烟屁股的碟子。我周四买的报纸塞在垃圾箱里，今天已经是周六了。我已经白白虚度了将近两天时间，两天时间可以足够收集对我不利的证据了。我寻觅用来放置脏衣服的塑料袋，但不见踪影。查理肯定已经将垃圾袋拿了出去，交给了收垃圾的人，现在肯定已经在哪个垃圾场了。此刻或许正有个捡垃圾的人在里面翻来翻去找寻什么值钱的玩意儿。突然一阵惊恐向我袭来，漫过全身。我跳了起来，焦躁地走来走去，双手紧扣阻止它们不住的颤抖。我必须做点什么，做点什么。我奔到楼上，睡衣的衣角在身后飞扬，我像个疯狂的国王扫荡过每个房间。我刮了胡子，盯着鱼眼般的镜子中的自己，随后重新穿上查理的衣服，撬开他的书桌，拿了他的现金和装有信用卡的钱包，三步并作两步冲下楼，旋风般地冲出房子，重回俗世凡尘。

　　随后我又停下了脚步。一切都没有变化，每样东西都各在其所，海港中的船只，马路，海岸线旁的白色房屋，远方的海中陆地，还有地平线上的悠悠白云，但是，所有的事物和我期望中的又有所不同，内心深处有种美好的感觉，一切事物该如何有序地排列。后来我意识到，不是别的，而是自己移了位，处在了错误的位置。

我又来到了卖报纸的地方，和第一次来这里一样，心中充满了害怕和兴奋，隐隐绞痛。当我拿起报纸时，手上沾了墨印，硬币从我汗湿的指尖滑了出去。那个脸上长着青春痘的女孩子又看了我一眼，她的凝视带着猎奇和轻蔑，扫过我的同时又将我完全欺骗了。从她的言行举止判断，那种过分紧张敏感的样子是月经来临前的症状。我转身背对她，扫视着报纸。关于我这起案件的报道已经从首页的底部像污点般浮了上来，占据了重要位置，关于爆炸的新闻已经慢慢减少了，伤者的死亡率必定已经得到控制。有一张车的照片，车子看上去就像只受了伤的河马，旁边站了个神情麻木的警卫，一个穿着惠灵顿靴子的警察正指着什么东西，同时还有篇关于发现这辆车的男孩的访谈。他们还记得我吗，那个坐在废弃车站长椅上做着白日梦的苍白的陌生男子？他们记得，并且列出了关于我的描述：中年人，黑发，留着浓密的络腮胡。那个在交通信号灯下遇到我的女人确信我只有二十出头，穿着得体，留着八字胡，有双锐利的眼睛。还有参观白水的游客，亲眼目睹我带着画离去，还有瑞克和他的母亲，当然还有我租车的那个汽车修理厂的白痴男孩和女人，综合他们每个人的描述，我的另一个更加立体更加荒谬的形象浮现出来，直到最后被反复叠加成了一个留着八字胡十恶不赦的杀人犯，怒目圆睁，四处游荡，撒播恐怖威胁的妖言，就像意大利歌剧中土匪强盗的合唱。我几乎要笑出声来，随即是深深的失望。真的，我感到非常失望。难道我希望自己被发现吗？难道我希望自己的名字被恐怖地放大出现在每张报纸的头版头条吗？我想是的。我的内心深处一直渴望能站在法庭上，将我所有肮脏的小秘密都供认出来。是的，我希望被发现，被突然地抓住，拳打脚踢，脱光衣服，鞭打惩罚，在嚎叫的群众面前游行示众，这是我最深切最炽热的渴望。我注意到整个法庭都万分讶异地屏住了呼吸。但是，在座的诸位绅士朋友们，难道你们的内心深处不是这么想的吗？渴望被彻底看穿，感觉那双厚重的手落在你的肩头，听见那深沉威严的声音在你耳畔宣布游戏终于结束。简而言之，摘下你的面具，你已经彻底暴露了。问问你自己，我承认（我承认！）过去那些日子，那些等待着被缉拿归案的日子是我所知道的，或者说我希望知道的日子中最惊心动魄的。可怕，是的，但也精彩。眼前的世界从未如此扑朔迷离，或者说我在世界中的地位从未如此危险不稳，让人毛骨悚然。我本能地对自己的好色本性有所认识，那个温热湿润的大东西即使在别人的衣服下面也毫不犹豫地坚挺起来。任何时刻，他们都能抓住我，甚至现在他们就可能在观察我，手持对讲机低声细语，向屋顶上的狙击手发出信号。开始肯定是惊惶失措，随后又归于平静，一切过去后，所有的尊严和存在都被撕成碎片，那是怎样的自由自在，怎样的轻盈灵活！不，我想说的并不是轻盈灵活，恰恰相反，我想说的是：分量，重力，最后和大地紧密联系起来的感觉。最后，我终于变成了真实的自己，不再是穷尽毕生精力扮演的那个拙劣的角色，我将变成真正的自己，我将变成真正有血有肉的人类。

乘上巴士，我来到镇上，在多年前学生时代住过的那条街下了车，在树木下，在暖风中沿着公园旁的栏杆，慢慢往前走，心中充满了怀旧之情。一个戴着帽子的男人，站在人行道上，眼神猥琐可怕，朝空中挥舞着拳头，冲过往车辆咆哮怒吼。我很羡慕他，我曾经也想像他那样站在路上大骂出声，发泄出所有的狂躁、痛苦和愤怒。我继续往前走，三个衣着鲜艳的女孩子从书店里结伴而出，欢声笑语，一瞬间，中间那个女孩子看到了我，我正张着嘴巴露出狰狞的微笑，真是美女中的野兽。在一间崭新明亮的店里，我买了一件外套，一条裤子，两件衬衫和几条领带，还有些内衣，仿佛故意赌气挑衅般，还买了顶美观但稍显华丽的帽子。当我用查理的信用卡结账时，我捕捉到了一丝僵硬的特别关注——上帝啊，难道他们认识查理，他在这里买过东西吗？——我立刻调整自己的口音，让自己显得中气实足，沉着坦然地签下他的名字，每个人都松了一口气。事实上，我没有过分的担忧，我觉得自己异常兴奋和愉悦，几乎显得荒谬可笑，就像参加生日狂欢派对的孩子（这种单纯的购物过程中到底存在着什么，让我获得了如此简单的快乐和满足？）。我就像个海马般，昂首挺胸迎着微风，沿着街道一路游荡。我肯定还有些狂热和兴奋。我在人群中穿过，那些人看上去是如此陌生，我的意思是，比以往任何时候都要陌生，我觉得自己已经不属于他们的行列，自从我上次遇到成群结队的他们后，某种变化已经不可避免地发生了，我已经重新调整了自己，某种微小细腻又惊人敏捷的，具有革命性的重大变化已经在我身上发生了。我像个低能儿，像另一种生物那样从他们中间经过，他们落在我后面，甚至不能看到我——他们现在能看到我吗？或者说现在的我已在他们的视线光谱之外？而我，又是如此渴望惊讶地观察着他们。他们突然磕磕绊绊地出现在我周围，眼神呆滞迷茫，好像流浪的难民。我打量着自己，在他们之中点着头，摆着肩，乔装打扮，孤独地保守着自己的大秘密。我就是他们未被承认的梦想——我就是他们的摩斯布鲁格[1]。我来到河岸边，慢慢踱到桥上，置身在乞丐、水果贩子和叫卖廉价首饰的小贩中间，欣赏着河面上微风吹拂下朦胧的光芒，品尝着嘴唇上咸咸的空气。大海！去吧，去大海那里，跨过无数的鸿沟，投身于那片蔚蓝之中。

我去了酒吧——一切都是这么简单——我去了酒吧，要了杯酒，每一口都像银子般冰冷而柔滑。酒吧就像个巨大的洞穴，非常阴暗，街上的阳光苍白无力地照射到门口。我觉得自己置身在南方，在那些熟悉的阴冷潮湿令人疲倦的港口。酒吧深处，是个舞台般灯火齐聚的地方，一些剃着光头穿着特大号系带靴的年轻人在玩弹子球游戏，弹子球急速旋转噼啪作响，他们低声咒骂。就像威廉·霍加斯[2]时期的一种游戏，宛如一群脱掉假发的外科医生在解剖台前专心致志地工作。酒保高高地站

---

[1] 摩斯布鲁格（Frederick Moosbrugger, 1900–1974）：美国海军副海军上将，由于在二战中的出色表现而成名。美国有一艘以他命名的驱逐舰。

[2] 威廉·霍加斯（William Hogarth, 1697–1764），是英国著名画家，讽刺画家和欧洲连环漫画的先驱。他的作品经常讽刺和嘲笑当时的政治和风俗。

在角落的架子上，双手交叠，张大嘴巴，聚精会神地盯着电视上的赛马比赛。一个穿着黑色短外套、好像生了结核病的年轻男人走了进来，坐在我旁边，喘着粗气，烦躁不安。从他浑身上下透露出的紧张惶恐中我能看出他肯定在干什么秘密勾当，一时间我警觉起来，不知怎的，还有一点开心。他可以想干吗就干吗，有何不可呢。然而，他仅仅是用一种苦涩的义愤抱怨：我在这已经呆了三十三年了，但是，每个人都怕我。酒保用一种厌倦的轻蔑扫了他一眼，转过身重新看起电视。无声无息中，蓝马在疾驰飞奔，遥遥领先于亮绿色的马儿。我很害怕，年轻人此刻的语气带着怨恨。他的身体在不停抽搐，肩膀耸起，脑袋低垂，猛地举起一只手臂，好像脖子突然被什么东西咬了一口。突然，他又抓起外套，匆匆转身离开。我跟了上去，酒只喝了一半。外面阳光刺目，我认出了他，离我已经有一段距离，双臂贴着身体两侧在人群中左突右闪，步伐短促、紧凑、敏捷，像舞蹈演员一样灵活。没有什么能够阻止他的前行，在厚厚的人墙中，他总能找到一条裂缝，腰部以上部位灵巧敏捷地一个转身，重新找到了出路，丝毫没有改变他的步伐。他穿着紧身的破旧外套，我戴着花哨的帽子，提着昂贵的手提厚纸袋，如果任何人试图将我们两个联系起来的话，那该是怎样的一对奇怪的组合！我几乎跟不上他的脚步，仅仅过了一两分钟，我就已经大汗淋漓，气喘吁吁，心中却升腾起一种不可名状的欢欣鼓舞。他突然停了下来，注视着药剂师的橱窗，我在汽车站旁徘徊等待，始终让他保持在我的视线之内。他是如此神情专注，身体似乎都禁不住颤抖起来，我本以为他会做出什么暴力举动，转身攻击什么人，或者打碎玻璃，破门而入，在照相机堆和展出的化妆品堆中，大肆践踏。但是，他仅仅是站在那里，等待着另一阵颤栗将他牢牢攫取，这一次，当他扬起手臂时，腿也不禁抬了起来，肘部和膝盖仿佛被一根无形的发条连了起来，过了一会儿，他的脚后跟慢慢地噼啪一声落地。他快速扫视了一圈，确信周围没人注意到他，身体又情不自禁随意抖动了一下，仿佛这样做，前面的痉挛也就可以被解释为他的有意为之，随后他又像只小猎狗一般继续往前走。我想要追上他，和他讲话，我不清楚自己要和他说什么，当然我不会对他表示任何的同情，我不觉得他可怜，我不觉得他身上有任何叫人同情怜悯的成分。不，这么说也不尽然，他还是非常可怜可悲的，就像受了伤的动物。当时我依然不觉得他值得同情，我对他的情感不是用这种方式来表达的，怎么说好呢，我觉得这是一种兄弟般的敬重，一种强烈、持久、甚至有点欢呼雀跃的对他个人的情感流露，对我来说，现在走到他面前，将我的手放在他瘦弱的肩膀上，说声：亲爱的朋友，我的受难者同伴[1]! 这无疑是世上最简单最自然的事情。但令人失望和气恼的是，在下一个转角处，我停了下来，环顾四周，在熙熙攘攘的人群中，我意识到自己把他跟丢了。然而，我立刻找了个替代者，一个高个胖姑娘，肩膀肥厚，虎背熊腰，管状的粗腿下面是两只细瘦的脚，就像猪的前蹄，挤在一双白色的高跟鞋里。她刚刚从理发店出来，头发剪成了时髦的男孩发型，但在她身上，这种发型怎么看都有些奇形怪状。她的脖子后面脂肪堆积，发茬残留，依旧留着一块红红的吹风机留下的印记，仿佛在替她感到害臊似的。穿了双如此难看的鞋子，她显得勇气十足又有点忧愁哀伤，本来我以为自己可以跟着她一天，但过了一会儿，我又把她跟丢了。随后，我又跟着一个脸上长着草莓状红色胎记的男人，一个推着婴儿车，车里装了只小狗的瘦小女人，还有一个雄赳赳毅然往前猛冲的小伙子，眼神专注地直视前方，对周遭一切视而不见，摆动着双手愤愤不平满腹牢骚。在一条拥挤繁忙的人行道上，我突然被一伙笨拙的女孩子包围住了，用我母亲的话来说，她们就是愚蠢的野蛮人！她们留着红色的头发，脸上长满雀斑，玻璃般翠绿得不可思议的眼睛，她们凶猛地将我推来推去，撕扯我的袖子，骂骂咧咧，让我感觉就像突然被一群缠扰不休的大野鸟袭击一般。当我试图把她们嘘走时，她们中的一个将我的帽子打落了下来，另一个立刻敏捷地从我手里一把抢走了装有新夹克的纸袋。她们推推搡搡，尖笑着逃走了，只见她们赤裸鲜红的脚后跟消失在视线中。我也笑了起来，从地上捡起帽子，不顾路人奇异的眼光，

[1] 原文为法文。

137

他们肯定觉得我这种好心情在这种情况下是不得体不恰当的。对那件夹克我没有在意——事实上，失去它让我感觉到，它和它已经成为废品的前任之间存在着某种不可思议的奇妙一致性——但我还是想知道那些女孩子去了哪儿。我想象着垃圾场上，积满灰尘的小片空地上，有个用破布和废铁搭起的小破房，饥饿的野狗，鼻涕直流的婴儿，还有个烂醉如泥的丑老太婆蜷缩在水壶旁。或者等待她们的是另一个教唆犯，偷偷隐藏在废弃烂屋的阴影里，百叶窗只能透出手指般大小的夏日阳光，高高的天花板下灰尘漂浮，寂静中壁板里的老鼠磨着爪子，抓抓停停，抓抓停停。我一路欢快地向前走着，幻想着其他人的生活，直到我发现一个脸色苍白的大个子，拄着两根拐杖，装着橡皮腿，在我前面步履沉重地移动步伐，我立刻如饥似渴地跟上了他。

　　我到底在干什么，为什么我要跟着这些人呢——我到底在追求什么？我不知道，也不关心。我既困惑又开心，像个被允许加入大人游戏的孩子。我花了几个小时玩这种游戏，在街道之间来回穿越，头昏眼花，心中只有醉汉般单纯的想法，似乎自己正在追踪城市的面部上某种巨大复杂的记号，为的是能让天空中的那个人更好解读。我发现自己来到很多以前不知道的地方，弯曲的小巷后突然出现的空旷废地，铁路桥梁下只有一个出口的街道，那里通常停满了车，车子沐浴在温和的阳光下，车顶熠熠生辉，闪动着玩具般的光泽。我在一家咖啡馆吃了个汉堡，这家咖啡馆的墙壁都是玻璃制成的，模铸的塑料椅子和锡箔烟灰缸，人们孤单地坐在那里，啃啮着面前的食物，像被父母抛弃受了惊吓的孩子。日光慢慢隐去，天空中只留下鲜红烫金的夕阳，我在路上前行，仿佛漫步在汹涌澎湃、宽广巨大的河面下。习惯夜生活的人们已经出动了，女孩子们穿着紧身裤、高跟鞋，强壮的小伙子们剪着吓人的发型。烟雾迷蒙、炎热难耐的黄昏中，街道虽然看上去有点单调无味，却仿佛闪着智慧的光芒；车子飞速驶过，犹如海豹遨游在海洋里一般惬意自如。我回到查理家已经很晚了，腿脚酸痛，头发蓬乱，全身发热，帽子歪歪斜斜，尽管如此，我还是感到一种不可思议的成就感。那天夜里，我梦见了父亲。确切地说只是他的缩小版，一个干瘪瘦小留着八字胡的孩子，穿着水手服，消瘦的小脸擦得干干净净，头发梳得整整齐齐，一个高大、黑眼、穿着希腊长袍戴着长春花花冠的女舍监牵着他的手，带着路，女舍监给了我一个淫荡宽容的微笑。

我又受到了惊吓。今天律师来看我，给我带来了一条特别的消息。通常我俩都很享受两人之间的小会议，带着故作的哀伤悲惨表情。在一间小小的、不透风的、没有任何窗户的房间里，我们就坐在一张小方桌旁。墙壁被漆成了档案橱柜般的灰色，头顶上方有一盏霓虹管灯，洒下的光线中仿佛带有水汽般的微粒。灯泡发出微弱持续的嘶嘶声。刚开始，麦尔瑟其莱恩总是精力旺盛，在包里反复摸索，在纸上奋笔疾书，口中喃喃自语，像只体形巨大闷闷不乐的熊。他正在设法找寻能和我交流的东西，案件中新出现的问题，法律中晦涩模糊的观点，我们能博得法官同情的几率，诸如此类的话题。他的语速是如此之快，又是如此结结巴巴，仿佛语句中充满了绊脚石。渐渐地，这里的环境如同湿气一般将他完全包围缠绕，他安静下来，摘下眼镜，端坐着朝我眨眼睛，他用大拇指和其他两根手指不停挤压着自己的鼻梁，这个小动作异常惹人喜爱。我对他感到非常抱歉，我知道他是真的喜欢我。我怀疑，我这种态度让他深感迷惑，也让他心神不安。他确信当他像这样滔滔不绝地发表长篇大论时，肯定让我深感失望了，但是确实没什么好说的，我俩都明白，我会死里逃生，免于死刑。他不明白我面对命运为何会如此坦然自若神闲气定。我告诉他，我研究起了佛学，他小心地微笑，不能确定我是否在开玩笑。我用监狱生活逗他开心，模仿、扮演，让叙述更有血有肉，栩栩如生——我在模仿这里的典狱长方面活灵活现，令人信服。麦尔瑟其莱恩笑起来没有任何声音，只是慢慢地抖动肩膀，咧开嘴露出灿烂的笑容。

顺便说一句，那个公式化的表述是多么奇怪啊：死里逃生。字面意思和实际意思风马牛不相及。

今天我能马上察觉到他心里藏着事欲说还休。他不停地拉着衬衫领子，清着喉咙，眼镜拿下来又戴回去。他的眼神躲躲闪闪黯淡无光，嘴里含糊地嘟嚷着正义的概念，法庭的裁决，诸如此类的废话，我几乎充耳不闻。他看上去悲观消沉，浑身不自在，靠着囚椅的背不停地动来动去，眼睛扫视着周遭的一切，独独不看我一眼，让我几乎忍俊不禁。当他嘟哝起服罪的可能性时，我的耳朵重新竖了起来——起初他花了那么多时间和精力让我绝不能服罪。当我突然从他嘴里得到这个消息，试图仔细消化时，他立刻转换了话题，脸上带着警惕的神色。我想知道他到底要干什么？我本来应该在这个问题上锲而不舍地刨根问底，从他嘴里套出一切。但是，他突然从公文包里拿出一份我母亲遗嘱的复印件，转移了我的全部注意力。我还没有听到过遗嘱的内容，不得不说，我对它还是怀有浓厚的兴趣。我注意到，麦尔瑟其莱恩并不觉得这个话题比上一个轻松，他不停地咳嗽，皱起眉头，念出了一些礼物、契约和其他一些小遗产，兜兜转转很长时间才切入正题。我始终不能相信，那个老婊子将库格朗吉的家产留给了那个马厩女孩，她叫什么名字来着，乔安妮，还给了达芙妮一些钱，留给我的儿子范一些学费，但是没有给我任何东西，什么也没有。我本来以为自己不该感到太过吃惊，但我还是非常惊讶。我虽然不是一个好儿子，但我毕竟是她唯一的儿子。麦尔瑟其莱恩同情地看着我，我很遗憾，他说道。我微笑着耸了耸肩，虽然对我来说这并不容易。我真希望他此刻能马上离开。噢，我说道，如果可以，我想她终究会重新立一份遗嘱。麦尔瑟其莱恩一言不发。一阵奇特的沉默。然后，他温和地把文件递给了我，几乎显得有些小心翼翼，我看了看遗嘱订立的日期。七年，将近八年之前了。她早已将我从遗嘱中踢了出去，在我返回故乡羞辱她和家族名誉之前，她已将我抛弃。我突然清晰地回忆起，那天在库格朗吉厨房中她打量我的眼神，又听到了她沙哑的笑声。非常好，我真高兴她那么享受她的小玩笑，不错，真不错。我的心中没有任何悲痛，让我深感诧异。我仍然微笑着，尽管看上去这更像脸部肌肉的抽搐。人生中还有很长的经验和教训需要我孜孜不倦地学习，她无疑好好给我上了一课，可算是她对我的贡献了。

麦尔瑟其莱恩站起身，像平常一样以他最热忱的方式告别，借以掩盖终于可以离开这里的如释重负。我看着他奋力穿上深蓝色的外套，将脖子上红色的羊毛围巾打了个结。有时，当他刚刚走进这里时，衣服会散发出外面世界的气味和芬芳，我暗中用鼻子使劲地嗅着这种气味，愉悦非常，仿佛它们是最珍贵的香水。今天外面怎么样？我问他。他顿了一下，警觉地眨了下眼睛。他肯定以为我在问他世界的全景，仿佛我已经忘了外面的世界是什么样子。天气，天气怎么样？他的眉头舒展了，耸了耸肩，说道：灰蒙蒙的，一片灰色，你也知道。一阵悲痛，我的眼前立刻浮现出了那样的天空，十一月下旬的午后，阳光慵懒地洒落在湿湿的马路上，孩子们放学了，零零落落地走在回家的路上，白嘴鸦在蓬松的云层上面翻滚盘旋，透过光秃秃、黑黝黝的树枝，可以看见天空中残留的灰暗光线。这些都是我以前热爱的时刻，不可捉摸的天气，世间万物只是无声无息地自由生长。我看到自己，还是个小男孩，在那条湿湿的马路上磨磨蹭蹭地往前走，踢着前面的一块小石头，做着关于未来的梦。我记得，那里有条被橡树林挡住的小路，离家大约有一英里的距离，但是那条路最终肯定通向库格朗吉。那条路上，树荫是如此葱绿，足迹是如此深刻，四周又是如此静谧。每次我走过十字路口，经过这条小路时，我都对自己说，下次，下次我一定要走这条路。但是每个下次我不是急着赶路，就是阳光已经淡去，要么就是我没有心情探索新路，所以每次我还是沿着马路走了平时走的路线。直到最后，我也从未踏上那条神秘的小路，现在，当然已经太迟了。

我的脑中一直在做着计算——这让我不会胡思乱想其他东西——我惊讶地发现自己在查理家整整呆了十天，从仲夏的那天开始算起，或者从那天晚上开始算起，到六月那决定性的一天。这样算来是十天，不是吗？九月份有三十天，四月，六月——对，是十天，或者是九天。确定的是，九个夜晚。但白天和黑夜又是从哪里开始区分的呢？为什么我觉得黑夜比白天更容易计算呢？对类似这种计算我从来就不擅长，数字越小，越容易让我迷惑。不管怎么说，我在查理家呆了大约十天时间，不多不少，我根本不想背叛查理给予我的慷慨和善意。现在看起来，也许不止十天，或许是几个星期那么久。呆在那里，我没有任何不开心，也就是说，呆在其他任何地方，也不会比呆在查理家更开心。不开心！我竟然会用到这个词！日子一天天过去，我变得越来越焦躁不安，神经在受着煎熬，内脏中某个地方疼痛不止。我突然失去了所有耐心，感到狂怒暴躁。他们为什么不来抓我？他们到底在干什么？我特别痛恨贝伦斯一家的沉默，确信他们在和我玩一场残酷的游戏，但是当所有这些激动不安的情绪过后，我的心中依然残留着一成不变单调无聊的感觉。我感到非常失望和沮丧，对我犯下的暴行，我感到内疚，但我唯一希望的就是这种暴行能够改变我的生活，无论多糟，我都将面临一系列惊心动魄的大事件，警报拉响，意外惊骇，九死一生。我不知道自己是怎么度过那些日子的，每天早上醒来，心中就充满了极端苦闷，仿佛一种纯粹蒸馏出的痛苦水滴啪的一声落在额头上。这所巨大的老房子，还有它沉闷的空气和蛛网都让我感到深深的压抑，我喝了很多酒，但还不够让自己无知无觉。只有上帝知道，我在设法选择遗忘，我一杯接一杯地痛饮，直到嘴唇麻木，膝盖几乎无法弯曲，但这些都徒劳无益，我还是无法摆脱自己。我带着情人般的渴望期待夜晚的降临，我可以戴上帽子，穿上新衣服——我的新面具——小心翼翼地迈开步伐，就像颤颤巍巍的哲基尔医生[1]，身体里面埋藏着另一头可怕的野兽，暴怒挣扎，强烈渴望各种刺激的经历。我觉得自己直到那刻才真正开始好好打量周边的平凡世界，人群，处所，物品，所有的一切都是那么纯真无邪，却又气数已

---

[1] 哲基尔医生(Dr. Jekyll)：英国小说《化身博士》(Dr. Jekyll and Mr. Hyde)中的主人公，由于长期的压抑及郁闷而发明了一种神奇的化学药物，他把自己当做这种药物的实验对象，于是摇身一变成了邪恶卑鄙的海德先生。

尽。我在城市的街道徘徊，让我野兽般的心吞噬着平凡世界的声色光影，我该如何表达心中火热跳动的混乱情绪？举例来说，力量的感觉，我该如何表述呢？它不是起源于我的所作所为，而是滋生在这样一个事实上：我犯下了罪行，但是没人知道。长日将尽，华灯初上，倦鸟归巢，夜色中依然残留着蓝灰色的暮霭，是这种无人知晓的秘密，让我置身于那些神色疲倦的路人之中。还有那种火热持久的兴奋，宛如血液中流淌的狂热，一半是被撕下面具的恐怖，一半是对它的执著渴望。我知道，此时此刻，在某处休息室中，在那些烟雾缭绕的破旧办公室里，那些面无表情的家伙们正不辞辛劳地收集着对我不利的证据。夜晚，当我躺在查理母亲笨重的大床上，脑中还会浮现出这些家伙。能够成为如此缜密关注的焦点对象，实在有些奇怪，奇怪，但也不会让人不悦。这种说法是否有点反常呢？我现在置身在另一个地方，陈腐的老一套在这里完全不适用。

当然，入睡非常困难，也许我根本不想入睡，唯恐梦里会遇到什么。我能想到的最好办法，就是在黎明来临前的黑暗中断断续续地眯上一两个小时，醒来后感觉筋疲力尽，胸口疼痛，眼睛滚烫。查理，他也没有睡着，我能听到楼梯上吱嘎吱嘎的脚步声，厨房中茶壶的鸣叫声，他在浴室小便时，老年人特有的费力的间歇响声。我们几乎看不到彼此，房子足够大，完全容得下我俩同时存在却又感觉不到对方。从第一个醉酒的夜晚开始，查理就一直躲着我。看起来，他几乎没有任何朋友，电话从未响过，也没有任何人拜访过他。所以有一天，当我从镇上闲逛回来，那天时间还早，我突然发现三辆黑色的轿车停在路上，一个穿着制服的警察在港口的墙基那里徘徊，他还有另外两个同伴，穿着带兜帽的夹克，神色警惕，我感到非常惊讶，同时心里也拉响了警报。虽然我的心怦怦直跳，手心一片汗湿，我还是命令自己慢慢地走过去，就像每天傍晚出来散步的诚实公民，然后匆匆绕到了后门那里，通过马厩改建的车库钻了进去，经过丛林似的花园时，我不小心绊了一跤摔倒在地，左手被疯长的玫瑰花丛刺伤了。我蜷缩着身子，埋在草丛中，倾耳细听。泥土的气味，树叶的气味，受伤手上血液的厚重感，充满了我的整个感官。厨房窗户里透出的黄色灯光，让周围的黄昏染上最温柔的蓝色，厨房里有个陌生的女人，穿着白色的围裙，在炉子边忙碌着。当我打开后门，她飞快地转过身，小声尖叫出来。上帝啊，你是谁？她上了年纪，戴着红褐色的假发，参差不齐的假牙，心不在焉的神情。随后就会知道，她名叫玛奇。他们都在楼上，她打发我离开，转过身忙活起热气腾腾的炖锅。

楼上有五个人，算上查理的话，有六个，一开始我还以为有两倍于这个人数的人呢。他们都在二楼巨大空旷的画室里，站在窗边，手持酒杯，像神经质的鹳一样点着头，鞠着躬，闲聊着，好像他们就是以此为生的。他们身后，海港的灯火闪着微光，远处天空中一朵巨大的暗蓝色云朵慢慢地往下沉，盖住了夕阳下火烧云的最后一抹亮彩。我一走进画室，聊天就停止了。他们中只有一个女人，高个，纤瘦，狐狸般火红的头发，异常僵硬苍白的脸庞。查理，这时正背对我站着，从周围人环顾的扫视中意识到我的到来，他转过身，脸上带着痛苦的微笑。啊，你来了。两边的头发像刨光的舵柄一样隐约闪亮，他系着领结。我听见自己用一种愉悦挑衅地口吻对他说，呵，你早就应该告诉我嘛！我的双手在颤抖。短暂的沉默后，交谈又突然重新开始。那个女人走过来打量着我，浅色活泼的头发，纤细柔美的脖子，让她看上去似乎永远带着一种受惊的神情，仿佛很久以前听说了某个骇人听闻的秘密，直到现在还没有完全消化吸收似的。查理喃喃自语地说着抱歉，用颤抖的老手搋着我的胳膊，轻轻地坚定地拉着我走出房间。我最初感到的惊恐已经完全被烦躁所代替，我真想敲他一下，在他可笑的罗马卫队头盔般的头发上留下凹痕。告诉玛奇，他说道，让她给你弄点东西吃，我很快就下来。他是如此心神不宁，我觉得他都快开始哭了。他站在楼梯的顶层踏阶上，目送我走下来，唯恐他一不留神，我又会跑到楼上去，直到我安全到达楼下，向厨房走去时，他才转身回到画室，回到他的客人身边。

厨房里都是蒸汽，玛奇的假发歪掉了，比刚才看上去更火爆更烦躁。她苦涩地抱怨，这种地方，真是！她又生动地向我解释，她其实只是弗兰切先生偶尔请来帮忙的人，如果举行什么晚宴的话，她才会过来。非常有趣。晚宴，真的吗！我帮她打开了酒瓶，坐在桌旁，自己也拿了瓶酒。当前面传来响亮的敲门声时，我已经喝得半醉半醒了，敲门声让我的心重新雀跃不已。我来到大厅，查理早已从楼上飞奔而下。当他打开门时，我立刻认出他们是刚才在外面的两个穿着带兜帽夹克衫的人，他俩为一个魁梧壮硕的男人和一个高挑时髦的女人开路，男人和女人迈着王室般庄严的步伐走进了大厅。马克斯，查理叫出声，笨拙又热情地迎了上去。他故意忽略了那个女人。马克斯伸出一只手和他握了握，迅速抽回，立刻抚上他那低低的、看上去凶猛好斗的眉毛。上帝啊，他叫嚷，这个地方可真够远的，我还以为我们永远也到不了呢。他们朝楼梯走去，查理和马克斯走在前面，那个女人跟在他们后面。她穿了件难看的蓝色长袍，挂了三圈珍珠项链。她扫视了一遍大厅，注意到了我的存在，眼神牢牢地盯住我，直到我看向别处。玛奇从厨房走了出来，停在我身边，在我耳边轻声耳语，那是查理的老板和老板娘。

他们上楼后，我又等了会儿，等玛奇转身回到厨房后，我悄悄跟上他们，重新溜进了画室。查理和马克斯还有马克斯夫人正站在窗前，欣赏外面的风景，其他人还在那里唧唧喳喳说个不停，眼神不敢坦率地直视前方。我从壁炉架上抓起几瓶酒，在他们中间穿梭，为他们重新将酒杯注满。这些人身上都带着明显的渴望和稍显焦虑的神情，就像穿着蓝色西装的大孩子们第一次参加成人外出活动，除了那个有着红橙似的鼻子，背心前襟沾了污迹的老家伙，他站在那里，身体倾向一边，眼神呆滞，神情沮丧。其他人都小心翼翼地打量着我，只有他喜形于色，愿意与我攀谈聊天。你有什么看法，他大声地问我，我们当然会赢，不是吗？我意识到这是一个反问句。我们当然会赢，我果断地回答，冲他夸张地眨了眨眼睛。他抬了抬眉毛，退后一步，疑惑地注视我。上帝啊，他又说道，我现在还不知道。我耸了耸肩，温和地从他身边走过。查理早就看到了我，冲我露出意味深长的警告微笑。我要伏特加，当我将杜松子酒递给马克斯夫人时，她冷冷地说道。我关注的焦点在她丈夫身上，马克斯先生神情严肃，不苟言笑，似乎过去的他，曾经长时间地暴露在残酷炙热的阳光照射下或者其他恶劣至极的气候条件下，这种严酷的气候条件根本超出了屋内其他人的想象。他的言谈举止，他站立的姿态，他缓慢谨慎地转移目光的方式，还有他将手抬到眉毛处的动作，都在他身上打下独特的烙印，带有一种戏剧性的强调意识。他的嗓音缓慢，带着喉音，遇到对他来说印象深刻的事物时，他言词激烈，态度极端，从某种奇怪的意义上说，他的这种方式非常诱人，是一个真正的男人在困难的丛林中勇往直前的声音。我想象着他漫不经心地踩过脚下的一切，花朵，蜗牛，或者敌人的脚背。查理，马克斯说道，你现在还在低价收进，高价卖出吗？查理脸红了，扫了我一眼。是的，马克斯夫人代为回答，让每个人都感到尴尬窘迫。她声音洪亮，说话没有任何重点，瞥都不瞥他一眼，仿佛正越过他对着他身后的一群面带嘲讽表情的盟友慢条斯理地发表评论。马克斯也没正眼瞧她，仿佛正在说话的是个没有任何实体的声音，他又尖锐地笑了起来，你替我弄到那件荷兰作品了吗？他问查理。查理痛苦地微笑着，摇了摇头，不发一言，左眼皮开始跳动起来，似乎眼睛下面突然有只飞蛾苏醒过来。我试图将威士忌瓶子递给他，但他立刻用手盖住了杯子。马克斯也摆摆手示意我离开。那个火红头发的女人走到我身后，你的手，她叫道，你的手受伤了。有那么一刻，所有人都沉默不语，马克斯和他妻子，查理，红发女郎，还有我，共同凝视着我指关节间的点点伤痕。是的，我在玫瑰花丛里摔倒了。我笑起来，那半瓶酒的酒劲已经涌上来了，查理暗地里移动着双脚，害怕我会做出什么无法无天粗暴可耻的糗事。我突然第一次意识到查理是那么怕我。可怜的查理。漆黑的码头上有灯火通明的帆船无声无息地悄悄驶过。多美的景色，马克斯表情严肃地说道。

餐厅里那只猫头鹰公仔透过钟形的玻璃罩注视着这些人，神情诧异中带着些许惊慌。帕奇，我是说玛奇，现在正处于严重的恐慌中。我帮她端盘子，分盘子，用一种过分夸张炫耀的服务姿态将它们使劲地扔在桌上。我承认我玩得很痛快，脑袋晕乎乎的，心中洋溢着不可思议的欢欣愉悦，仿佛参加化装游戏的孩子。我像被施了魔法一般地行走，虽然不知道它是怎么奏效的，但随后的一两个小时里，我一直扮演着查理家务总管的角色，我仿佛出离了自己，也出离了过去几天无情地困扰和追逐着我的恐惧。当我四处走动的时候，我甚至为自己编撰了一段历史，我是说——该怎么说呢？我似乎变得不是我自己了，但看起来眼前的这个人和真实的自己（真实的自己！）同样货真价实言之凿凿。我变成了不可或缺的弗雷迪里克，查理忠诚著名的奴仆，没有我，这个脾气暴躁而富甲一方的老单身汉简直没法活！我年轻时，他将我从乌烟瘴气的环境中解救出来——那时的我在城里一个廉价的酒吧里做一名酒保——现在的我全心全意地忠实于他，这种忠诚简直到了野蛮凶残的地步，我恐吓威胁他，每次有人来找他时，我就成了可怕的捣蛋狂。（嫉妒？那些和他有点头之交的人有时会这么寻思推测，不，他们最后得出结论，查理没有这方面的倾向：还记得乡下那个爱马的女人吗，他生命中最后的至爱？）事实上，我们就像父亲和儿子，只是没有哪个儿子会如此铁石心肠，也没有哪个父亲会一次次容忍宽恕我的小过失。有时候，很难说清楚，我们之间谁是主人，谁是仆人，就像今晚，当所有的主菜都上齐了以后，我坐在那些宾客之间，给自己倒了一杯酒，仿佛这是世上最自然不过的事。沉默又再次降临。查理皱紧眉头，卷着桌布上的面包屑，假装自己在考虑别的事情，马克斯目露凶光地注视着窗外码头上的灯火，他周围那些忠实的追随者们坐立不安，紧张不安地左顾右盼。最后，我终于拿起酒杯，站了起来，大声说道，我想女士们还是先行回避吧，说完就像一阵风似的离开了餐厅。回到大厅，靠着墙壁，我不禁放声大笑，我的手却在不住地颤抖。我想，我还是怯场了。这世界损失了一位多么优秀的演员啊！

接下来我要做什么呢？

我上楼来到了画室，不，我回到了厨房，又看到了玛奇，戴着假发，箍着假牙，穿着白围裙。我都已经弄好了，说完，又离开了厨房。在大厅里，我看到了红发女郎，她刚从餐厅走出来。楼梯下面是间暗室，我们在那里认出了彼此，昏暗中我能看见她的脸，她的眼睛注视着我，严肃而惊恐。你为何如此悲伤？我问道，她突然一下子不知道如何摆放她的双手了，只能把它们藏在背后，一个膝盖弯曲着，抖了抖肩膀，摆了摆臀，好像卖弄风情的女学生。谁说我悲伤了？她反问，我一点也不难过。我想她快要哭出来了。在我身上，她有没有注意到我的恐惧和羞耻，她从一开始就注意到了吗？因为，我知道，她已经把我和其他人区分开了，她已经完全认出了我。我走到她身后，打开门，我们突然来到了一间空屋中赤裸光滑的地板上。房间里弥漫着一种干燥洋葱似的味道，库格朗吉阁楼上的味道。月亮在墙上洒下四边形的光芒，仿佛一面破碎的镜子。我手里仍然拿着那些该死的盘子，我弯腰将盘子放在脚边的地板上，当我仍然弯着腰时，她突然抚摸起我的肩膀，说着什么我听不懂的话。她低低地笑出声，惊讶不已，仿佛自己的声音是如此出人意料。没什么，她又说，没什么，在我的怀里颤抖不止。她紧闭嘴唇，不停喘息，手指紧紧攀附着我，又将我的头颅捧在双手中，仿佛要将它碾碎。她踢掉了鞋子，鞋子啪的一声掉在地板上，她抬起一只脚挤压着身后的门，挤压着，挤压着，大腿冰冷。她在哭泣，泪水落在我的手上。亲吻中我轻咬着她的喉咙。我们就像——我不知道这么表述是否正确，我们就像信使，在黑暗中相遇，交换着可怕的信息。噢，上帝啊，她呻吟着，上帝啊！她的额头贴紧我的肩膀，我们十指交缠，紧抱彼此。过后，一切恢复原样，月光，洋葱味，我脑中没有任何想法，除了她苍白的脸庞和火红的头发。原谅我，我说道。我不知道为何自己会笑，其实这也算不上什么笑。

每年年末，日子都是如此平静安宁。静静地坐在这间灰色的房间里，我有时觉得自己是彻底的一个人，方圆几里之内杳无人烟，仿佛置身在一艘灰色巨轮的底部。空气沉重凝固，压迫着我的耳朵，眼睛，还有头骨。审判的日子终于定下来了，我本以为这件事会占据我的整个思维，让我有生活的目的，使我兴奋，或者害怕，但是，什么事情也没发生。我对时间的感觉出了问题，时间对我来说是如此绵长根本无法计算。这间小审讯室每时每刻上演的剧目对我来说只不过是些小麻烦。我已经被判无期徒刑。

今天麦尔瑟其莱恩又重新提到了我要怎样为自己进行辩解的话题。我任凭他在那里唠唠叨叨说了一会儿，突然觉得厌倦，受够了，我告诉他，如果他再不直入正题说出真实想法的话，我就不需要他为我提供服务了。我知道自己非常虚伪没有诚意，因为我意识到，他上次来时就已经暗示到某种安排的可能性了——从我在这里经历过的所有谈话中我已经了解到，几乎所有宣读的审判，律师都已事先安排好了结果。我很好奇法庭想从我身上得到什么。现在，当我注视着眼前的麦尔瑟其莱恩，可怜的老伙计，蠕动不安，大汗淋漓，我想我知道了他们的要求：查理，当然是他，他们试图挽回查理的名誉。（我怎么会天真地幻想他们会在乎查理呢，在乎他的名誉呢？）毋庸置疑，我愿意为查理做任何事情，虽然现在看来有点太晚了。好吧，麦尔瑟其莱恩，我举起一只手，说道，我会服罪——然后呢？他透过眼镜看了我一眼。然后，这就会是一起极其简单的案子了，不是吗？他回答道。我后来才意识到，这只是一句俏皮话。他又阴郁地咧嘴一笑，他的意思是审判开始后，我要否认所有其他指控，只需承认犯了杀人罪，法官念在我愿意合作的分上，将会对我从轻发落，后面的事就容易解决了，听证会宣告结束，案件到此为止。他又补充道，他不能保证什么，但是他有责任向他的客户保证，案子在法律允许的范围内得到最合理的审判。当他如此自负地夸夸其谈时，显得非常迷人。重点是什么，我又问道，有什么诀窍？他耸了耸肩，诀窍就是法庭不会听取任何证词，就这么简单。我们都沉默了片刻，这样做有用吗？我又问道，这么做可以救他吗？他迷惑不解地皱起眉头，我突然意识到自己错了，查理和他的困窘处境并不是这儿的主题。我大笑起来，我早就说过，有时候我天真无知得不可救药。麦尔瑟其莱恩回头看了一眼——真的，他真的这么做了，真的——仿佛进行密谋似的将身体前倾过整个桌子，说道，没有人担心查理·弗兰切，没有人会担心他。

法官大人，我不喜欢这样，一点也不喜欢。当然，我会服罪——我不是一直在这么做吗——但是我不喜欢在没有任何证词没有任何证人的情况下服罪，我不喜欢这样。这不公平，连像我这样的一只狗都应该有它得意的时候。一直以来，我都想象着自己站在证人席中，眼神直直地盯着前方，神色平静无波，穿着休闲服，就像媒体报道的那样。然后有一个威严的声音响起，用我自己的话语叙述我的证词。现在我在这出戏中的角色被剥夺了，这应该是我人生中最后的机会，是，我知道得很清楚。不，这不对。

事实上，我几乎想不起那晚查理家中的情形。我的意思是，我记得那个夜晚，却不能清晰地回忆起那些人。记忆中，窗外水上的灯火，夕阳最后的余晖和黑色的云层，比那些醉酒男人们的脸更为鲜明生动。甚至马克斯·摩利诺在我的回忆中，也仅剩昂贵的西装和时髦粗野的形象。看在上帝的分上，我为何要顾虑他和他的同伙呢？就让他们继续保持他们的声誉吧，对我来说这没什么，我只是没有兴致激起任何丑闻的浪潮罢了。那些场景玻璃般隐隐约约在我眼前闪过，模糊不清，就像那十天的记忆。在我癫狂的幻境中，甚至可怜的红衣女郎都是如此不真实，宛如潮湿梦境中的一根支柱。不，等一下，我收回这句话。不管他们爆发出如何下流淫秽的嘘声和嘲笑声，我还是坦率地承认我清楚地记得她，带着温柔的同情记得她。她是，现在看起来极可能也是，我最后一个与之做爱的女人。爱？我怎么会用到这个字呢？但是，除此之外我还能用什么字眼呢。她信任我，闻到我身上鲜血和恐惧的味道，却没有因此退缩，反而像花朵一样为我绽放盛开，让我在她的身体里小憩片刻，在我们彼此交流无法言说的秘密时，我的心禁不住颤抖。是的，我记得她，在我坠落的时候，她及时接住了我，我的格雷琴[1]。

实际上，她的名字是玛利安，但是，这有什么关系呢。

他们都呆到很晚，除了马克斯夫人，吃罢晚餐就径自离开了。我看着她驱车离去，直挺挺地坐在一辆黑色豪华轿车的后座里，宛如惨遭蹂躏的奈费尔提蒂[2]。马克斯和他的同伴们又回到楼上，狂欢作乐直到黎明破晓。我整晚都在厨房和玛奇打牌。玛利安在哪里？我不知道——像往常一样，我又烂醉如泥。不管怎样，我俩的时刻已经过去了，如果现在遇见对方，两个人都会感到尴尬。是的，我想我去找过她，我记得自己跌跌撞撞地上楼，在卧室里寻寻觅觅，黑暗中一次次跌倒。我也记得，自己站在一扇敞开的窗旁，非常高的地方，聆听着外面飘来的断断续续的乐曲，神秘的铃声和嘟嘟声，缓缓移动慢慢隐去，仿佛夜色中喧闹的游行行列在启程出发。声音可能来自于码头上的某个舞厅或者夜总会，然而，在我看来，这是上帝和他的追随者们抛弃我时发出的声音。

---

[1] 格雷琴(Gretchen)：出自舒伯特的著名歌剧《纺车旁的格雷琴》(Gretchen am Spinnrade)。舒伯特(Franz, Schubert, 1797–1828)是奥地利著名的音乐家。《纺车旁的格雷琴》取自歌德的作品《浮士德》(Faust)，纺织女格雷琴爱慕着浮士德。

[2] 奈费尔提蒂(Nefertiti)：埃及王后，易克纳唐国王(公元前 1379– 前 1362 年在位)的妻子。她凭自己的聪明智慧获得了与夫君平起平坐的权利，她对当时政治与宗教的影响甚至超过了易克纳唐，被人民称为"尼罗河的统治者"和"地中海女王"。

第二天天气晴朗。晌午时，宿醉褪去，我从床上起身，太阳和这个星期其他时候一样，放肆无情地照耀着，海岸线旁的房子在苍蓝色的薄雾中隐隐发光，似乎天空在那里突然分崩瓦解成了虚幻的几何图形。我穿着内裤，站在窗边，抓耳挠腮，打着哈欠，突然想到自己似乎已经习惯了这种奇怪的生活，就像度过最初阶段的惊恐和狂热后，慢慢适应了某种疾病。教堂的钟声响起，今天是星期天。散步的人们都已经出来了，牵着狗，带着孩子。马路对面，港口的墙基那里，有个穿雨衣的男人，双手交缠放于背后，注视着大海。我能听见楼下的声音，玛奇在厨房里忙碌着昨晚留下的清洗工作，她奇怪地看了我一眼。我穿着查理的睡衣。到底是什么，我寻思着，我刚刚没有听到的，她那种全新的别有深意的语气，这种语气早就应该引起我的警觉了？今天早上，她还带了个帮手过来，她的侄女，一个神情悲观的十二岁左右的小女孩，长着——长着什么，她长得怎么样现在又有什么关系呢？这些无关紧要的人现在已经不会被法庭传唤了。我坐在桌边，喝着茶，看着她们在那里忙活。那个孩子看上去非常怕我。Fe fi fo fum[1]！他出去了，玛奇告诉我，她的手浸在肥皂水里。你进来的时候，弗兰切先生刚出去。她的语气中有种无法释怀的责难意味，仿佛因为我的到来查理才会逃之夭夭。事实上，的确如此。

　　下午，海岸线上涌起了一朵巨大的颗粒状的乌云，就像淤泥中的沉积物，蓝黑色中带着白点。我注视着波状的雨帘从东方慢慢横扫过来，

[1] Fe fi fo fum：出自儿童故事《巨无霸》(Jack the Giant Killer)。现在用作玩笑话来吓唬孩子。

153

那个站在港口墙基的男人扣上了雨衣的扣子。星期天早上那些散步的人早就散去了，只有他，只有他还留在那儿。

我最后呆在那里，感觉是如此奇怪。我本来以为自己会感到恐惧惊慌，冷汗直冒，颤抖不止，但是没有，这些感觉我都没有，反而是一种狂暴的癫狂将我牢牢攫取。我像个经受暴风袭击的船只上喝醉酒的船长那样在屋内大步徘徊。所有疯狂的念头纷纷涌入我的脑海。封锁所有的门窗，将玛奇和她的侄女当做人质，用她们交换一架直升机逃之夭夭。等在这里，等到查理回来，将他当做人肉盾牌，刀子架在他脖子上，让他在前面为我开路——我甚至真的跑到厨房为此搜寻刀子。玛奇已经清洗完毕，坐在桌边，桌上放着一壶茶和一份周日小报。当我在餐具抽屉里翻箱倒柜找寻时，她忧虑地盯着我，问我是不是现在就要吃午饭，还是等弗兰切先生回来。我疯狂地笑了起来。午饭！玛奇的侄女也跟着笑起来，发出鹦鹉学舌似的咯咯声，上嘴唇卷翘起来，露出半英寸左右白色闪耀的口香糖。当我看向她时，她立刻闭上了嘴巴，就像百叶窗突然关了起来。杰辛塔，玛奇尖叫起来，你现在马上回家！呆在那里不要动！我大叫出声。她们退缩了一下，杰辛塔的下巴颤抖，泪眼汪汪。我放弃找寻刀子的念头，重新跑回楼上。那个穿橡皮雨衣的男人已经走了。我如释重负地喘了口粗气，似乎一直在屏着呼吸，在窗框旁边瘫软下来。大雨倾盆，雨滴在马路上欢快起舞，海面上波涛翻滚。我听见前门打开然后砰的一声关上，玛奇和杰辛塔出现在我的视线中，她们飞快地在街上奔跑，外套盖在头上。目睹她们如此狼狈地离开，我大笑起来，杰辛塔跳过一个个水塘，玛奇在雨中笨重地踉跄而行。随后，我认出了那辆车，停在马路不远处，街道另一边，前排位子上坐着两个高大、模糊、一动不动的家伙，他们的脸在雨水流动的挡风玻璃后显得暧昧不明。

我坐在画室的椅子上，注视着前方，双手紧紧握住扶手，双脚并拢规规矩矩地放在地板上。在那黑暗又闪着微光的房间里，我不知道保持那样的姿势坐了多久。在我的印象里大概过了几个小时之久，但那怎么可能呢。房间里依旧残留着昨晚香烟和陈酒的味道。大雨的声音，仿佛能镇定人心，我陷入了一种恍惚的状态，似睡非睡，半梦半醒。我又看见了自己，那个小男孩，穿越着库格朗吉附近树木繁茂的小山。我想那是三月时节，某个刮着大风的糟糕日子，天空泛着瓷器的蓝色，煤灰色的云朵在空中翻滚。头顶上的树木在风中摇摆呼啸。突然，传来一阵尖锐的噪音，天色昏暗，类似鸟儿的巨翼打着圈儿急速下坠砸落在我身旁。其实只是一根树枝。我没有受伤，却无法动弹，傻傻地站在那里，惊愕莫名，颤抖不停。那种力量，那种速度，让我毛骨悚然。这不是恐怖害怕，而是对自身渺小存在的一种深入认识，这让我感到震惊。我只是空气中一道小裂缝，土地，树枝，大风，天空，世界，所有的一切都是这起事件精密和必要的组成部分，只有我，处于错误的位置，根本没有参与的份。但是这无关紧要，如果我死了，我也会倒在这里，脸孔向下埋在腐烂的树叶里，日子还会向前流逝，好像什么事情都没发生。所有本应发生却没有发生的事，其实都不重要，或者说，没什么值得大惊小怪的。总会有相应的调整和安排发生，我的身体下面有什么东西在蠕动而出。也许是一只流浪的蚂蚁，在我流血的耳窝中探索发现。但是，阳光依然和以前一样，风继续吹，时间之箭不会在它的飞驰中停顿一秒。我非常吃惊，永远忘不了那一刻。现在，又一根树枝将要坠落，我能听见头顶那相同的急促噪音，感觉到那下坠的黑暗阴影。

电话铃突然响起，带有玻璃碎裂的声音。电话线里有种静电噪声。似乎有人在问查理在不在。不，我叫起来，他不在这里！说完就把听筒放了下去。几乎在同时，那边又响起了尖锐刺耳的声音。等一下，等一下，不要挂断，那个声音说，我是查理！我不禁笑了起来。我在楼下的马路上，他又说，就在楼下的马路上。我仍然在笑。突然那边一阵沉默。警察在这儿，弗雷迪，他们想和你谈谈，我想这当中肯定有什么误会。我闭上了眼睛，意识到我身体的某部分依然渴望着，不敢相信游戏这么快就结束了。电话线里的嗡嗡声透出查理的焦虑和尴尬。查理，我说道，查理，你为什么要躲在那个电话亭里，你难道以为我会伤害你吗？在他回答前，我就挂断了电话。

我很饿。我来到楼下的厨房，做了一个超大无比的蛋饼，狼吞虎咽地吃完后又啃了半个面包，喝了半品脱牛奶。我弯着腰，耸着肩，坐在桌边，肘部抵着盘子边，低垂着脑袋，带着动物般的冷漠和麻木往嘴里塞着食物。雨滴的光线让房间看上去仿佛沐浴在黄昏中。查理一进屋子我就听到了他的声音——他从来不擅长在林立中的家具中找出最佳的走路方式。他从厨房大门后探出头，试图挤出一个微笑，但徒劳无益。我已经吃起了昨晚剩下的煮马铃薯。我饿极了，仿佛永远也吃不饱。查尔斯，你看上去糟透了。他看上去确实很糟糕，脸色灰暗，瘦瘦小小，空洞的眼睛下一片青紫。虽然没有系领带，衬衫领子上的扣子还是扣得严严实实。他的手在下巴上来回摸索，我能听见胡须摩擦的声音。他今天起得很早，他说道，他们一早就把他叫了起来，带进了警察局。我一时间还没听懂，我还以为他说的是火车站。他的眼睛盯着我面前的盘子，还有烂糟糟的马铃薯。沉默笼罩着我们，我意识到终于有什么事情发生了。雨已经停了。上帝啊，弗雷迪，你到底做了什么？他低声地问我。看上去，他的困惑更大于惊讶。我从冰箱里又拿出另一瓶还剩一半的牛奶。记得吗，查理，你在杰默和帕拉迪斯请我吃的那些美食。他耸了耸肩，不清楚他是否真的在听。牛奶已经变质了，但我还是喝完了。你知道，我过得非常愉快，我听见自己还在继续，虽然我从未表现出来，但我真的玩得非常愉快。有什么地方出错了，有什么地方变质了，就像这牛奶一样，谎言经常使我的嗓音听上去异常的空洞乏味，那是一种从喉咙深处发出的声音。为什么我现在要重提旧事，编织一个古老又不重要的谎言呢？难道我只是为了小试身手，稍加练习，等待前面重大漫长的比赛？不，这太难了。我只是想要道歉，我的意思是大体上的道歉，如果没有谎言，我又如何能做到呢？查理看上去是如此苍老，瘫坐在那里，瘦弱脖子上的脑袋萎靡地低垂着，嘴巴歪向一边，患了炎症的眼睛茫然无神地盯着前方。噢，该死的，查理，我说道，我很抱歉。

　　我不知道这是不是巧合，警察正好在这时候破门而入，或者他们一直就躲在外面偷听？电影中，那些拿着枪的家伙总是等在走廊上，后背紧紧贴着墙壁，眼白闪烁着微光，直到里面的人谈话完毕。眼前这个，我寻思着，就是热衷于电影的好学生。他有张瘦削的脸，平直的黑发，穿了件缀满补丁的军用夹克，手握冲锋枪，枪管只有一英寸左右，四四方方，迟钝僵硬，就像个玩具模型。三个人中，他无疑是最惊讶的那一个。我还是禁不住赞叹起他踢掉后门时熟练敏捷的身姿，后门就这样颤颤巍巍地挂在铰链上，被踢坏的门锁懒洋洋地靠在一边，就像猎犬的舌头。查理站起身说道，没关系，警官。警察从门口走了进来，眼神盯住我。你他妈的被捕了，他对我吼着。他的身后，能看见院子，太阳突然出来了，所有的一切都在太阳的照射下闪耀着，在湿气中闪闪发光。

　　这时从前门拥入更多的警察，似乎一大群，但其实只有四个。其中的一个就是我曾经看到的站在港口墙基那儿的男人，我认出了他的雨衣。他们所有人都拿着枪，不同型号，不同尺寸，我被深深吸引住了。他们站在墙壁那里，打量着我，怒气中带着好奇。大厅的门开了，查理朝那个方向刚迈了一步，警察就用一种刻板的声音喝道：等一下。除了外面警察的对讲机发出的啪嗒啪嗒的微弱金属声，就只有沉默。我们似乎在等待某位大人物的到来。最后进来的那个人让我吃了一惊，他是个个子不高、孩子气的男人，三十岁左右，黄棕色的头发，蓝色的透明眼睛。我立刻注意到他的手脚非常小，几乎可以称得上小巧玲珑。他选了个角度朝我走来，眼睛看着地板，脸上带着一抹古怪的微笑。他告诉我，他叫哈斯雷特，刑警督察哈斯雷特。（格里，希望你不要介意我提起你小巧玲珑的手——你也知道，这是事实。）他的举止非常奇特——那种微笑，那躲躲闪闪的眼神——我意识到，是因为他在害臊。一个害羞的警察！这完全出乎我的意料。他环视了一遍身边的一切，有片刻的尴尬。似乎没人确切知道接下去要做什么。他一直低垂的眼睛又重新朝我这个方向扫了一眼。好吧，他似乎没有具体在问谁，我们抓对人了吗？气氛终于又活跃了起来。那个拿着冲锋枪的人——我们就叫他警长霍格——往前走了一步，将他的武器放在桌子上，敏捷地在我手腕处啪地套上了一副手铐。（顺便说一句，手铐戴起来没有看上去那么的不舒服——事实上，被戴上手铐甚至让我觉得心安，似乎比起不戴手铐的无拘无束自由自在，戴上手铐更为自然。）查理皱起眉头，必须要这么做吗？督察先生？他问哈斯雷特。是如此郑重其事的老牌声音，用如此精妙绝伦的方式陈述而出，严肃傲慢的尺度把握得恰到好处，一瞬间我甚至觉得会赢得一片小小的掌声。我带着全新的倾慕之情打量着他。他已经全然摆脱一两分钟前那种脆弱动摇的神情，看上去真的非常让人印象深刻，还是穿着那套深色西装，满头银发，甚至没有剃须的面颊和未系领带的领口都让他看上去更像是个刚刚从床上被唤醒的政治家，需要紧急处理攸关国家安危的重大突发事件。相信我，当我说倾慕他是个换装迅速的政治家时，我是真心实意的。对现在的我来说，把所有信仰藏在面具下是深邃人性的真实标记。我提过这点吗？或者其他人说过？这无关紧要。我看着他的眼睛，表露我的感激和赞赏，还有向他寻求——寻求某种程度上的谅解。但是后来，我想我的眼神在他看来是嘲笑更甚于歉意，从头到尾在那出奇怪的厨房喜剧中，我都带着一种嬉笑。他的嘴巴紧闭，下巴上某处神经在抽搐——他有足够的权利感到狂怒——但是在他的眼里，我看到的仅仅是梦幻般的忧伤。随后霍格在后面推了我一把，我被迅速押过楼下的大厅，置身于午后炫目的阳光中。

　　警察们在路上碾过时，有过片刻的混乱，他们伸长粗短的脖子，眼神向码头上的街道不停地瞟来瞟去。他们在期待什么，一场火并营救吗？我注意到他们都穿着跑鞋，只有哈斯雷特，这个优秀的乡下男孩，穿着结实的棕色粗革皮鞋。其中的一个警察撞倒了另一个警察。太多的警察反而把抓捕破坏了[1]，我欢快地开口。没有人笑，哈斯雷特

---

[1] 英文原文为 Too many cops spoil the capture，根据英语谚语改造而来，原来是 Too many cooks spoil the broth(或 soup)，字面意思是太多的厨师反而把汤破坏了，也就是说，如果人太多，意见也多，反而不易做出决定，其实一个人做主就够了。

装做没听见。我自己觉得这句话说得真是太精彩太聪明了。我依然兴高采烈，情绪高涨，自己也不能解释为何如此。我甚至没有好好地走路，而是一路跳跃，精力旺盛得可怕。雨后海边的空气焕然一新，所有的东西都在熠熠发光。阳光中有种闪烁的幻觉，我觉得自己似乎融入其中，捕捉着快速移动的光芒本身。我们穿过马路，我从楼上窗户看到的那辆车仍然停在那里，挡风玻璃上布满雨滴。我们经过时，前排那两个人带着警惕的好奇观察着我们。我又笑了出来——他们不是警察，只是一个高大的男人和他的大个子妻子，星期天出来兜风。那个女人，慢慢嚼着一颗糖，瞪大眼睛看着我的手铐，我举起手腕向她表示友好的致意。霍格又在肩胛这里戳了我一下，我几乎跌倒。我能预感到我和他相处会有麻烦。

有两辆车停在那里，没有什么特殊的记号和特征可以描述，一辆蓝色，一辆黑色。车门宛如甲虫的翅膀戏剧性地打开了。我被推入了后座，一边是霍格警长，另一边是个粗壮的彪形大汉，有张婴儿脸，红色的头发。哈斯雷特倚在门上。你警告过他了吗？他温和地询问道。还是沉默。前排的两个警察坐着一动不动，仿佛害怕激起什么笑话。霍格严厉冷酷地注视着前方，嘴巴抿成一条线。哈斯雷特叹了口气，走开了。司机小心翼翼地发动引擎。你有权保持沉默……霍格狠毒地对我说，看都不看我一眼。谢谢，警长，他说完后，我回答了一句。我觉得这是另外一句精彩绝伦的巧妙应答。车子尖叫一声绕过街头的路边石，在身后的空气中排放出一团废气。我想知道查理是不是从窗户里目送着我们离去。我没有回头。

我在这里暂停下来，是为了记录一个消息：赫尔穆特·贝伦斯死了。心脏方面的疾病。上帝啊，这份证词难道真的要变成死亡名册吗？

我对那段被带到警察局的路途记忆非常深刻。我从来没有乘坐过开得如此之快的车。我们几乎是在一路飞驰，车子在星期日缓慢停滞的车辆间迂回穿行，在马路内侧呼啸而过，只用两个轮子完成一次次惊险的转弯。天气非常炎热，车子里所有的窗户都紧闭着，空气中充满了麝香味的动物排放出的臭气。车里的气氛让人如坐针毡，汗毛直立。我还是处在一种狂喜或者说沉迷的状态里，心里交织着恐惧和欢欣，像这样一路飞驰，被夹在几个高大、沉默、淌着汗的警察中间，他们坐在那里，手臂紧紧合抱于胸前，目不斜视地盯着外面的马路，压抑着他们的兴奋和怒火。我能感觉到他们的呼吸。速度让他们热血沸腾：速度就是暴力。阳光投射在我们的眼睛里，密集厚重，让人炫目。现在哪怕最轻微的刺激和挑衅都能激怒他们，他们会把我揍个半死，他们仅仅是坐在那里等待机会罢了。甚至这样的认识，也能令人感到鼓舞。我的一生中还从未如此郑重地被当做关注的焦点人物。从现在开始，我将被监视起来，看管起来，被喂食，被倾听，就像一个危险的大婴儿。无须再逃亡，无须再躲藏，无须再等待，无须再做决定，我偎依在身边两个警察中间，享受着手腕处金属摩擦带来的热度。脑子里的另一半思维却一直在想着另一个版本——我在思考着，所有我正在失去的东西。我注视着街道、大楼、人群，仿佛是最后一次这样地注视他们。内心深处，我只是个乡下人——是的，就是这样——从未真正了解或喜欢过城市，虽然我居住在城市里，并且现在已经逐渐爱上它。爱？我不经常用这个词。或许我想说的是其他什么，损失，是的，是巨大的损失，损失了什么，我并不知道。我正想说点什么庄严伟大的话语，就像这人类社会一样的庄严伟大，但是我真的曾经是这个群体的一部分吗？同时，就在我们如此这般往前疾驰的时候，我的心中还是充满着放弃和告别的感伤。我尤其记得某个时刻，靠近河边的地方，我们在一个出了故障的交通信号灯前被耽搁了一分钟光景。这条街上有很多灰蒙蒙的没有任何特色的高楼，那些五金店之类的小房子就楔入这些建筑中间。窗台上坐着个老人，排水沟里小婴儿和一只肮脏的小狗在玩耍。洗过的衣服仿佛彩旗般在小巷中排成一列。所有的东西仿佛都静止了。信号灯还是红颜色。刹那间，仿佛哪里按下了秘密控制钮，所有这些喧闹的小片断都慢慢地羞怯地恢复了生气。首先是一列绿色的火车驶过红色的金属桥，两间房子的两扇门同时打开，两个穿着星期天行头的女孩子走进阳光里，婴儿格格笑个不停，小狗狂吠不止。一架飞机从头顶飞过，一瞬间它巨大的阴影扫过街道。老人异常愉快地从窗台上跳了下来。紧接着，仿佛为了渲染效果般，又是一阵暂停，只听得一声令人毛骨悚然的鸣叫声，从屋顶滑入眼帘的是一艘巨大轮船白色的船体和黑色的烟囱。所有的一切都是如此离奇有趣，单纯热闹，仿佛儿童地理书封面上的插图，我想要大声地笑出来，如果我真的这么做了，笑出来的声音也必定会更像哭泣。司机骂了句脏话，闯红灯开了过去，我立刻转过头，目送所有的一切在身后打着转慢慢消失，明媚的女孩和轮船，孩子和小狗，老人，红桥，都慢慢消失，消失在过去。

警察局是仿文艺复兴式建筑，高高的黑色石头大门上有许多窗户，一道拱门通向阴森森的小院子，可以肯定的是院子里从前必然有个绞刑架。我被粗暴地从车里拖了出来，走过低低的门口和昏暗的走廊。四周弥漫着星期天下午昏昏欲睡了无生气的气氛，带着寄宿制学校的味道。我承认，我本来以为整个大楼都会热切渴望我的到来，职员们，秘书们，还有吊着背带的警察们都会拥挤在走廊里，为的就是看我一眼，但是现在我身边连个鬼影都没有，寥寥数人从我身旁经过，几乎瞥都不瞥我，我禁不住觉得自己被冒犯惹恼了。我们来到一间空荡荡的让人不悦的房间里，不得不又等了几分钟，等待哈斯雷特督察的现身。房间里有两扇高高的窗户，肮脏得不可思议，靠下方的窗玻璃用金属网加固，朝向院子。房间里有张伤痕累累的书桌，还有几把木头椅子。没有人坐下。我们只是跺着脚看着天花板。突然有人清了清喉咙。一个穿着衬衫上了年纪的警察走了进来，是个光头，脸上带着甜蜜的、孩子气的微笑。我注意到他穿着厚厚的黑色靴子，鞋带绑得很紧，擦得闪闪发亮。看到这些靴子，让我深感安慰，内心欢欣鼓舞。随后的日子里，我将通过他们穿的鞋来判断他们谁是谁。穿粗革皮鞋和靴子的，我觉得可以信任，穿跑鞋的都是邪恶阴险的家伙。哈斯雷特督察的车到了院子里，我们又一次站着等他进来。他像刚才一样走进房间，带着同样不自信的似笑非笑。我站在书桌前，他念出所有对我的指控。这真的是种奇特的正式仪式。我突然想起婚礼那天的场景，不得不压抑住嘴边的笑意。那个秃头老警察在一台古老直立的黑色机器上打出所有对我的指控，仿佛在钢琴上费力调试音调，舌尖挤入嘴巴的一角。当哈斯雷特督察问我有什么话想说的时候，我摇了摇头。我不知道要从哪里开始。然后仪式就这么结束了。突然大家都松了口气，除了霍格，其他几个警察拖着步子走出了房间，就像弥撒结束一般。霍格拿出了香烟，分给了哈斯雷特，还有打字机旁的警察，甚至在经过短暂的犹豫之后，给了我一支。我觉得自己没法拒绝。我尽量不让自己咳嗽。告诉我，我问哈斯雷特，你们是怎么找到我的？他耸了耸肩，露出男孩子在考试中不小心得了高分时的神情。那个在书报亭的女孩子，他回答道，你每天都在关注同一件事情。每天。啊，是的，当然。但是，我又突然想到，虽然不是十分肯定，他是不是在包庇宾基·贝伦斯，甚至是安娜？（事实上，他并不是。他们直到最后都保持沉默。）我们友善地抽了会儿烟。两道斜斜的光柱从窗口射进来。什么地方的收音机在吱吱作响。突然，我感到深深的无聊和厌倦。

听着，霍格说道，告诉我们，你为什么要那么做？

我震惊地注视着他，脑中一片空白。这是一个我从未问过自己的问题，用如此直截了当毫不隐讳的语气。警长，你知道吗，这真的是个非常好的问题。他的神情丝毫没变，事实上他根本一动没动，除了他额前稀疏的头发竖起又滑落。突然间，我觉得身体一阵抽搐，肝脏肾脏的弦突然绷断了。我感到异常惊愕——还有一种反常的满足感。腿一软，瘫了下来，眼前一片火辣辣的烟雾，几乎无法呼吸。那个上了年纪的警察从桌子后面走过来，将我拖了起来——他有没有说，天哪！糟糕！肯定是我的幻觉吧？——带着跌跌撞撞的我走过一扇门，来到一条走廊，最后将我推入臭气熏人局促狭小的厕所。我跪倒在马桶旁，吐出所有鸡蛋马铃薯和牛奶残渣。我几乎不敢相信，内脏中的剧痛会如此强烈，我对于疼痛应该早已了然于心。吐到胃里空无一物时，我躺了下来，手臂抱紧膝盖。呵，我认识到，这比我料想的还要多，比我期待的还要丰富，在一间肮脏厕所的地板上翻滚，身体里像着了火似的难受。警察敲了敲门，想知道我是否好了。他重新帮我站了起来，带着我缓慢地走过走廊。他看来非常善于闲聊，他说，总是这样的，呕吐之后，你会怀疑你到底有没有吃过那些东西。

霍格站在窗边，手插在口袋里，注视着外面的院子。他回头看了我一眼。感觉好点了吗？他问道。哈斯雷特督察坐在书桌前，恍惚地皱着眉，手指敲击着一堆纸张。他指了指身边的椅子，我小心翼翼地坐了下来。当他从旁边转过身面对我时，我们的膝盖几乎碰到一起。他盯着天花板一角。你愿意和我交谈吗？他问道。是的，我回答。我愿意说啊，说啊，不停地说，向他倾诉，将我所有可怜的秘密和盘托出。但是我要说什么呢？什么秘密？那个秃顶警察回到打字机后面，迟钝的手指放在键盘上，眼睛无比期待地注视着我的嘴巴。霍格也在等待，站在窗边，裤兜里的硬币叮当作响。我从不在意自己对他们说过什么，对我来说它们微不足道。哈斯雷特督察是个难对付的角色，他让我想起学生时代的某个人物，那些谦虚谨慎、口齿不清的英雄人物，不仅擅长运动，数学方面更是了得，对于赞赏恭维他们只是耸耸肩，对于取得的成功和声望总显得羞涩。我没有什么好坦白的，根本没什么周密的计划，从一开始我就没有多做思考，这种情形我没有心情向他坦白招供。因此，我故意编造了一番胡言乱语，像个恐怖分子一样意图抢劫，还有其他一些东西，我自己回想起来都觉得害臊。那个女孩，我说道，那个女人——一时间我竟忘了她的名字——然后，乔西，我说道，她将所有的事情搞砸了，她试图阻止我带走那幅画，攻击我，恐吓我——我突然言语艰涩、灵感枯竭，只能坐在那里无助地盯着哈斯雷特，扭搓着手。我多希望他能相信我，那一刻，他的信任对我来说就如同宽恕一样让人渴望。鸦雀无声。他仍然盯着天花板的一角。或许他根本没有在听。上帝啊，霍格平静地说道，言语中没有任何特殊的强调意味，书桌后面的警察清了清喉咙。哈斯雷特站了起来，微微有点退缩，弯曲着一个膝盖，慢悠悠地走出房间，轻轻关上身后的门。我能听见走廊里他从容不迫的脚步声，还有他和其他人微弱的交谈声。霍格正转过头，厌恶地看着我。你真是个爱开玩笑的人，不是吗？他问道，我想要回答，为了慎重起见，还是作罢。时间一分一秒地流逝。隔壁房间里传来欢笑声。院子里有辆摩托车发动起来。我研究着墙上一张泛黄的关于狂犬病威胁的通知。我微笑起来，疯狗蒙哥马利最后终于被缉拿归案了。

　　哈斯雷特督察又回来了，扶着敞开的门，门外又走进一个穿着条纹衬衫的大个子男人，脸色通红，汗如泉涌，还有一个年轻点的、神情危险的家伙，霍格的同类。他们聚在一起打量着我，身体专注地往前探着，喘着气，双臂直直地放在桌上。我又将我的故事讲了一遍，尽量记住那些细节，不要自相矛盾。这次，故事听起来更加没有说服力。讲完后，又是一阵沉默。看来，对于这些充满质问和怀疑的停顿，我已经慢慢开始习惯了。那个红脸男人，我猜测，是某个大人物，正无比艰难地压抑着他的愤怒。他的名字是——巴克。他正颜厉色地盯了我很长时间。快，弗雷迪，告诉我们你为什么杀了她？我回瞪着他。我非常不喜欢那种轻蔑熟稔的口气——弗雷迪，瞧他叫得多亲热——不过，最后还是让自己忽略了这一点。我意识到他和我是一类人，笨手笨脚，脾气暴躁，呼吸沉重。但不管如何，我对这些都感到厌倦了。我杀了她是因为我能杀她，我回答道，还要我说什么？所有人都被我的回答惊呆了，包括我自己。那个较年轻的家伙，希基——不，奇克汉姆，发出一阵笑声。他有一种平和优雅悦耳的嗓音，与他邪恶凶残、充满敌意的眼神和行为显得异常不协调。他叫什么名字？他问道，他是个同性恋，不是吗？我无助地看着他。我不知道他在说什么。你说什么？我问道。弗兰切，他不耐烦地说道，他是同性恋吗？我情不自禁地大笑起来。我不知道这更算是滑稽呢，还是荒谬，查理昂首阔步地走进沃利的酒吧，戳着沃利那些男孩们的屁股。（很明显，沃利养的那些宠物之一桑尼，编造传播着关于可怜查理拥有特殊癖好的下流谎言。）不，不，我回答，他有个经常来他家的女人。紧张和惊讶让我吐出这句话，我根本不想说笑话。没人笑。他们继续打量着我，沉默仿佛螺丝般被越旋越紧，突然间，仿佛得到信号一样，他们站了起来，结伴走出房间，砰地甩上了身后的门，将我和那个老警察留在里面，老警察还是甜蜜地看着我，耸了耸肩。我告诉他，我又感到恶心了，他走出去给我端来一杯甜得发腻的茶和一块面包。仅仅看了一眼那杯茶，就让我觉得痛苦，仿佛被抛弃的流浪儿，我也不知道为什么会这样？所有的一切看上去都是那样无助和孤独，这陈旧的房间，到处传来的人们闲聊的模糊喧闹声，院子里的阳光，从童年开始就照耀着的亘古不变的密集阳光。先前所有愉快和兴奋的感觉都已荡然无存。

哈斯雷特重新回来了，这次只有他孤身一人，像刚才一样坐在桌旁我的身边。他脱掉了夹克，扯掉了领带，卷起了袖子，头发乱作一团。他看我的眼神比先前任何时候都要孩子气。他给自己也倒了杯茶，茶杯在他那细瘦苍白的手中显得更为巨大。我想起他小时候，在内陆某块荒僻的沼泽中，用双手将草皮叠成堆：砍下的树枝间晃动的水，浓烟和烤马铃薯的味道，不远处野兔的身影，还有那一望无际的天空一直绵延到地平线，空中漂浮着朵朵亮得晃眼的白云。

好，我们再来一遍。他说道。

几个小时之久。我和他坐在那里，向他倾诉我的人生故事，几乎可以说是感到高兴的。窗口洒进的阳光不停地拉长，白昼渐渐谢幕。他的耐心无穷无尽，对所有的事情，所有的细节，无论多么微小，多么玄妙，他都十分感兴趣。不，也不能这么说，恰恰相反，他对任何事物似乎都完全没有兴趣。他接纳一切，所有我叙述过程中的细枝末节，他都用同样被动宽容的神情一一接受，带着他那一贯迷惑的小微笑。我告诉他我认识安娜·贝伦斯，她的父亲，还有他的钻石矿，他的公司，还有他价值连城的收藏品。我仔细观察他，试图判断出哪些内容是他第一次听到，但毫无收获，他什么都没有表露出来。是的，他肯定已经和他们交谈过，所有的细节都有案可查。当然，他们会告诉他我的一切，当然，他们不会包庇保护我。他摩擦着脸颊，再次注视起天花板的一角。这个贝伦斯是个自力更生、白手起家的人，不是吗？他问道。是的，督察，我回答，我们每个人难道不是这样吗？听到这句，他古怪地看了我一眼，站了起来。我又注意到那张痛苦的鬼脸。糟糕的膝盖。足球运动员。星期天的下午，灰色空气中低沉的呼喊，皮革碰撞皮革发出的砰砰声。那么现在，我问道，现在要做什么？我还不想走。夜色来临，我要怎么办？他告诉我，我应该告诉警察我的辩护律师的姓名，这样他就能通知律师我在这里。我点了点头，当然，我没有辩护律师，但是我觉得自己不能说出实情——一切看上去都是那么放松友好，我不想制造任何尴尬不快。不管如何，我已经决定自己为自己辩护，早已预见自己在被告席间慷慨陈词，发表热情洋溢的伟论。我还要做什么事，我问道，皱起眉头严肃地看着他，我还需要告诉其他人吗？（呵，我是如此善良，如此顺从，在这样的好人面前这样拖延时间，我的心中有一股惬意的暖流涌过。）他又用那种奇怪的眼神看了我一眼，眼神中有着愤怒和急躁，还有某种讽刺的兴致，甚至是一种密谋的暗示。）你现在所要做的，他说道，就是让你的故事更加直截了当，不要添油加醋。这是什么意思，我问道，什么意思？我被激恼了。鲍勃·切利突然严厉起来一下子变成了奎尔奇先生[1]。你知道我是什么意思，他说道。说完就走了出去，霍格，和那个上了年纪的警察——看在上帝的分上，让我们给他起个名字吧——霍格和坎宁安[2]，老坎宁安，书桌前的警察，将我带了下去，带进了牢房。

我仍然戴着手铐吗？

我不知道自己为何要说他们将我"带了下去"（当然，我确实这么

---

[1] 鲍勃·切利、奎尔奇先生（Bob Cherry, Mr.Quelch）：同样出自英国作家弗兰克·理查兹（Frank Richards）所写（Billy Bunter Greyfriars School）。鲍勃·切利是比利·巴特的同学，奎尔奇先生是他们的老师。

[2] 坎宁安：英文名字是 Cunningham，而 Cunning 在英文中意思是"狡猾的"，所以弗雷迪说他的名字和他的人很相符。

说了），我们仅仅沿着走廊走了一小段路，经过厕所，通过一扇铁门。我承认自己感到不安和恐惧，但很快就被惊喜所代替了：这里和我想象的完全一样！真的有层层栅栏，真的有一个吊桶，还有一张粗重的铺着斑纹床垫的板床，满目疮痍的墙壁上真的都是随意的涂鸦。甚至还有一个粗壮的老人，站在牢房门口，关节惨白，无声地从牢房里瞥着我，带着愤怒的嘲弄。他们给了我一块肥皂，一条小毛巾，还有三张闪亮的厕纸。作为回报，我不得不解下了我的皮带和鞋带。我突然意识到这种仪式的重要性。我一只手拿着鞋子，鞋舌露在外面，另一只手拽着裤子，我就这样蜷缩在那里，毫无疑问，这些东西都是私人活动所必备的，我现在已经不是个完整的人了。我急不可待地说出这点，在我看来是非常恰当的，是对我享有权利的一种重新认识，案件中，在我的这起案件中，这是一种正式公开的定义，就这样。我已经成了完美的典型，理性的人物，这点坎宁安和霍格都已经意识到了，因为他们现在对待我的方式突然流露出一种奇特的尊敬，仿佛他们不是我的看守，而是我的守护人，而我更像一只疾病缠身、牙齿掉光的老狮子。另外一间牢房里的老家伙问我叫什么名字。我没有答复。去你妈的！他冲我大叫一声。黄昏已经来临。我总是很迷恋一天中的这段光景，那半昏暗的温柔光线一寸寸向上渗出，仿佛从地球内部照射出来，所有的事物看上去都好像变了模样，若有所待。霍格警长重新回来时，天已经黑了，他给了我一页肮脏的纸。他刚刚吃了薯条，从他的呼吸中我闻了出来。我凝视着那张错字百出的打印稿，困惑不已。这是你的自白书，霍格说道。你愿意签字吗？隔壁那个囚犯可怕地咯咯笑起来。你在说什么？我问他。这不是我说的话。他耸了耸肩，握紧了拳头。你自己选吧，总之你这辈子算是玩儿完了。说完，他就离开了。我坐下来，仔细审视这份奇怪的文件。狡猾的坎宁安，你的名字和你这个人还真是名实相符！又老又秃，刁钻古怪的老家伙，面具后面原来藏着一个恶魔似的艺术家，我永远无法企及的艺术家，直截了当而又精巧微妙，一个散文体、伪艺术的集大成者。我对他真是佩服得五体投地，所有的一切都按照他的意愿进行了改变，错误的拼写，拗口的语序，甚至糟糕的书写都是他的一手安排。为了文章本身，如此谦卑，如此顺从，对自我意识如此无情地压制。他将我的故事中所有的——哈斯雷特怎么说来着——所有的添油加醋，统统砍掉，只留下呆板的精华部分。我自己都没认出这是对我罪行的控诉，但我知道它说的就是我。他将我完全抹杀。本来，那一刻我就已经准备签字了，却发现没有任何东西能让我写字。我甚至在自己的衣服中搜寻了一遍，希望发现什么尖尖的东西，哪怕一个钉子或者其他什么玩意儿，我能用来在手上刺一下，用鲜血潦草地涂上我的名字。这也不重要，这份东西无须得到我的首肯和同意。我虔诚地将这张纸折成对称的四份，将它放在床垫下面，我的脑袋等会就会睡在上面。然后，我脱了衣服，躺了下来，黑暗中全身赤裸，双手交叠放在胸前，就像坟墓中棺材盖上的大理石骑士浮雕，慢慢闭上了眼睛。我已经不是我自己了。我不能解释为什么，但这是事实，我再也不是自己了。

缉拿归案后的第一个夜晚是动荡不安的。我睡得断断续续，也算不上是什么睡眠，而是在一片漆黑的大海上无助地辗转反侧翻来覆去。我能感觉到身下的大海，漆黑一片，无边无际的大海。黎明破晓就像平常一样，是最糟糕的时刻。我不停地手淫——请原谅这些肮脏的细节——不是为了获得快乐，而是为了让自己筋疲力尽。为了使自己陷入这种愁苦状态，我编造了一群多么荒唐可笑、杂七杂八小丑似的人物啊。当然，里面有达芙妮，还有安娜·贝伦斯，被我要求她做的那些事情逗乐了，流露出略微的震惊，还有那可怜的红发女郎，在我幻想中那洒满月光、空空荡荡的房间里，在我沉默不语鬼鬼祟祟地继续我邪恶的举动，将她一次又一次紧紧挤压在门上，她再次躲在我的怀中嘤嘤哭泣。还有其他人，我从来没想过她们也会出现在我的幻觉中：玛奇的侄女——记得玛奇的侄女吗？——还有那个我在城市的街道上跟踪的红脖子胖姑娘——记得她吗？——甚至，上帝啊，原谅我，还有我的母亲和那个马厩女孩。最后，当她们烟消云散后，我空虚地躺在监狱的床上，那个地方又重新鼓胀了起来，仿佛繁重费力却又无法逃避的任务下潜藏的幽灵，那神秘黑暗的门口挂着的那幅画，画中那无形的存在感，渴望着现形，渴望着获得生命。

星期一的早晨。呵，星期一的早晨。苍白的阳光，喧闹的噪音，毫无意义却又不得已而为之的忙忙碌碌。我想，地狱向我敞开大门的时刻也必定在星期一的早晨。我很早就被一个警察吵醒了，他又给我拿来了一杯茶和一片面包。我一直在打瞌睡，突然间好像被一只巨大、燥热、臭气熏人的野兽牢牢地抓住。我立刻意识到自己在什么地方，这种地方绝对不会搞错。那个警察是个身材高大的年轻小伙子，有颗小脑袋，当我睁开眼睛，抬高视线，望向他时，他看上去是如此高大，几乎要顶到天花板。他抛出一句让人莫名费解的话，然后就走开了。我坐在床边，双手捧着脑袋，口气污浊，带着恶臭，眼睛隐隐作痛，横膈膜[1]区域震颤不已。我不知道这种恶心的感觉是否要伴随着我的下半生。黯淡的阳光透过牢房的栅栏，洒下一片亮光。我觉得非常冷。我抓了条毯子裹住肩膀，蹒跚着朝屋内的水槽走去，膝盖不停地颤抖。如果这时走廊上聚集了一群人，大肆嘲笑我的话，我想自己也不会太过惊讶。我不停地想着，是的，就是这样，从现在开始，这就是我的生活。从某种可怕的角度来说，这是令人感到高兴和满足的。

坎宁安来带我接受当天第一次审讯。在牢房角落污秽的水槽里，我已经尽量将自己清洗干净。我问他是否能借一把剃须刀。他笑了起来，连连摇头，太奢侈的念头了。他觉得我真是个怪人。我赞美他的幽默：他整晚都在这儿值班，现在才刚刚结束。我跟在他后面，拖着脚走，紧紧拽着裤子防止它掉下来。休息室里一片纯粹喧闹的景象。打字机哒哒

[1] 横膈膜：一种分隔胸腔和腹腔并起呼吸作用的肌性膜隔。

作响，短波无线电爆发出带着鼻音的呜咽，人们从门口进进出出，转过头交谈着，或者蹲伏在书桌旁边，朝电话那头大声咆哮。当我走过时，突然一片安静——不，不，准确来说，不是安静，而是喧闹有所收敛，有所降低。很明显，消息已经传开了。他们没有正面盯着我，我想如果这样做会显出他们的不专业，但他们还是将我牢牢地记住了。我打量着他们眼里的自己，一个高大困惑的生物，像只跳舞的狗熊，蹒跚地跟在坎宁安友善的靴子后边，靴子的脚后跟这里钉着铁皮。坎宁安打开门，示意我进入房间，房间灰蒙蒙的，四四方方。有一张塑料桌面的桌子和两把椅子。我会在外面看着你，他说道，然后冲我眨了眨眼睛，缩回脑袋，关上了门。我小心地坐下来，手掌摊平放在面前的桌子上。时间静静地流逝。我很惊讶自己能如此平静地坐在那里等待，好像我的身心没有全部在那儿，好像某种方式上脱离了肉体。房间看上去就像头盖骨的内部。休息室内的叫嚷声仿佛从另一个星球传来。巴克和奇克汉姆是首先进来的。今天巴克穿了件蓝西装，剪裁细长，仿佛本意不是为了穿着，而是为了装东西，也许是装盒子什么的玩意儿。他的脸还是通红一片，早已大汗淋漓。奇克汉姆穿着和昨天一样的皮夹克和深色衬衫——他给我的印象不是个经常换衣服的人。他们想知道我为什么没有在自白书上签字。我已经将它完全给忘了，它就躺在床垫底下，我回答，我将它撕了，我也不知道自己为什么要这么说。又是一阵短暂的沉默，他们站在我跟前，紧握着拳头，鼻孔呼着粗气。空气中立刻荡漾起压抑中的暴力波纹。随后，他们两个都走了出去，又将我一个人留在屋内。接下来出现的是个上了年纪的老家伙，穿着骑兵式的斜纹布衣服，戴着一顶整洁的小帽子，还有一个眯着眼睛、肌肉结实的年轻人，他看上去就像这个老家伙生气的儿子。他们进屋后，就站在门前，长时间地仔细研究我，好像将我和什么东西做着比较衡量。然后斜纹警察向前跨了一步，坐在我面前，跷起二郎腿，摘下帽子，露出稍微有点秃的脑袋，苍白的带着奇怪的麻点，就像个生了病的孩子。他拿出一只烟斗，慢条斯理点着，接着重新调整两条腿的姿势，让自己坐得更舒服些，然后开始盘问我一些晦涩模糊的问题，直到后来我才意识到他这样做的目的是想试探我是否认识查理·弗兰切和他的一些朋友。我尽可能小心翼翼地回答着他的问题，不清楚他们到底要知道什么——我怀疑连他们自己都不清楚。我不停地对他们微笑，表明自己是多么低眉顺眼，多么愿意合作。那个年轻的警察，仍然站在门边，做着笔记，至少是装出在笔记本上记东西的样子，因为我有种奇怪的感觉，整个过程都是一个圈套，为的是转移我的注意力，威吓胁迫我。而且，我还是渐渐感到了厌烦——我完全不把他们当回事——我开始咬字不清，思维混乱，自相矛盾。过了一会儿，他们看上去也像泄了气的皮球，最终离开了房间。然后我亲爱的好伙伴哈斯雷特探督察走了进来，脸上还是带着他那羞怯的微笑和躲闪的眼神。上帝啊，我问道，那些人是谁？分局里的人，他回答。他坐了下来，眼睛看着地板，手指在桌上敲击着。听着，我对他说，我很担心我的妻子，我——他没有在听，根本没有兴趣。他拿出我的自白书。你为什么没有签字？他轻轻地问道，仿佛在聊天气似的。签了名就可以省去很多麻烦，他又说。突然间我怒火中烧，我也不知道自己怎么了，我狠狠地捶着桌子，跳了起来，冲他大喊大叫，我什么都不会做，我什么都不会签，直到我得到我要的答案！我真的说了：直到我得到我要的答案！当然，下一秒，我的怒气就蒸发了，我重新坐了下来，咬着指关节，像绵羊一样恭顺羞赧。激怒的气氛渐渐平息下来。你的妻子，哈斯雷特温和地说，正搭飞机赶过来，他看了看表，就在刚才。我看着他噢了一声。当然，我松了口气，但并没有太过惊讶。我知道那位什么先生，像他这样的绅士怎么会不让她离开呢。

麦尔瑟其莱恩来的时候已经是中午了，虽然乱蓬蓬的头发让他看上去仿佛刚刚从床上爬起来似的。他看上去总是这样，这也是他另外一个可爱的特征。第一个让我注意到的地方是我俩的体格看上去是如此相似，两个高大、温和、粗犷的男人。当我俩的身体同时向前倾时，桌子会在我们中间发出呻吟，椅子也在笨重的挤压下发出小小的尖锐的警报声。我立刻喜欢上了他。他说我肯定想知道是谁请他来做我的辩护律

172

师。我活跃地点着头，虽然说实话，我的脑中从未考虑过这个问题。然后他机智地语气一转，喃喃叙说起我母亲的种种，过去什么时候他为我母亲做了什么事情。我花了很长时间才震惊地发现，事实上是查理·弗兰切安排了这一切，他在星期天打电话给我母亲，告诉她我被捕的消息，要她立刻联系查理的好朋友、著名的律师——麦尔瑟其莱恩·麦克·吉奥拉·嘎纳。同样也是查理通过银行支付了并且现在继续支付着所有的费用，麦克数额不菲的律师费。他将钱存入银行，通过我的母亲，或者，现在当然是那个马厩女孩，支付一切费用，使它看上去就像真的来自于库格朗吉一样。（抱歉，麦克，一直向你隐瞒着这点，但我想这也是查理所希望的。）你向他们坦白了什么，对吗？麦尔瑟其莱恩问我。我告诉他坎宁安的杰作。在叙述过程中，我肯定又变得眉飞色舞，兴奋异常，因为我看到他眉头越皱越紧，紧紧闭上了眼镜后的眼睛，似乎陷入了痛苦，他举起一只手示意我安静下来。你什么也不会签，什么也不会签——你是疯了吗，说出这种话。我低下了头，但是我觉得内疚，我轻轻地说道，我有罪。他装做没有听到这句话，听我说，他又开口，听着，你什么也不要签，什么也不要说，什么也不要做。你要说自己不服罪。我想开口表示抗议，但他根本容不得别人打断。你先不要服罪，他继续说道，直到我认为时机成熟，你才能修改你的证词，承认自己犯有杀人罪。你明白没有？透过眼镜，他冷冷地注视我。（这是刚开始几天的场景，在他还没有成为我的朋友之前。）我摇了摇头，这样做似乎不恰当，我说道。他爆发出一阵笑声。不恰当！他惊呼道，没有再说什么：从你口中听到这个词，真够奢侈啊！我俩都沉默了一会儿。我的胃发出一阵饥饿的叫声，我觉得又饿又恶心。顺便问一下，我说，你问过我母亲，她会来看我吗？他又装做没有听到，把文件放好，拿下眼镜，挤压着鼻梁。有什么你想要的东西吗？他反问我。这回轮到我窃笑了。我的意思是我能带什么东西给你，他说道，用一种拘谨又不以为然的语气。一把剃须刀，我说道，是否可以让他们将我的皮带还给我，放心，我不会上吊自杀。他站了起来，准备离开。突然我想挽留住他。谢谢你，我热情地说道，如此热情以至于他停顿了一下，神情严肃地看了我一眼。你知道，我本来就打算杀了她，没有任何解释，没有任何借口，我说道。他只是叹气。

今天下午我被带到了法庭。哈斯雷特督察和其他两个穿着制服的警察陪着我。我注意到手上被玫瑰花丛刺破的地方感染了。噢，弗雷迪里克，你生病了。现在回想起第一次看到法庭的场景，我的脑中还是被一片奇怪的薄雾笼罩着。我本来以为法庭会相当宏大，就像一座小教堂那样，橡木长凳和浮雕天花板，还有一种庄严肃穆的气氛，但现实让我深感失望，这仅仅是间简陋的办公室，类似能力不足的工作人员签发无名通行证的地方。当我被带进法庭的时候，人群中有一阵烦躁的骚动，我以为是开庭前的准备时间，后来才惊讶地发现，这其实就已经是听证会本身了。整个过程只持续了一到两分钟。法官是个神情欢快的老男孩，穿着普通的工作西装，留着络腮胡，有个红鼻子。他肯定以足智多谋而名闻遐迩，当他专注地看着我用愉悦的口吻开口说道，那么，蒙哥马利先生时，整个法庭都被逗乐了。我礼貌地微笑着，向他证明虽然我听不懂这个笑话，但我还是能够坦然面对。一个警察在背后戳我，我站起来，坐下去，又站起来，整个过程就这么结束了。我惊讶地看着自己，感觉错过了什么。麦尔瑟其莱恩在请求法庭保释，菲尔丁法官温柔地摇了摇头，仿佛在责备一个鲁莽的孩子。喔，不，他说道，我想这不可以，先生。这句话挑起了法庭上另一番轻松活泼的战栗气氛。我真高兴每个人都过得这么愉快。身后的警察喃喃自语，但我没法集中精神，我的心中充满了一种可怕的空洞的情绪，我意识到自己快要哭出来了。我觉得自己就像个孩子，或者是非常老的老人。麦尔瑟其莱恩碰了碰我的手臂，我无助地躲开。现在跟我来，警察不客气地喝令道，我只能跌跌撞撞地跟在他身后。身边所有的东西都在我眼前旋转起来。哈斯雷特就在我后面，我认得他的脚步声。街上已经聚集了一小群围观者。他们怎么会知道我是谁，我在哪个法庭，我什么时候会出现在这里？一看到我，他们立刻爆发出一阵惊呼，一种饱含畏怯、憎恶、诅咒的恸哭悲鸣，我浑身的皮肤仿佛都被刺痛了。我是如此困惑，如此害怕，完全忘了我自己，情不自禁地挥起手来——我竟然向他们挥起手来！天知道我当时在想什么。在我看来，这是一种安抚的手势，一种动物般屈服和退却的姿态，但是，不出意料，这种手势让他们更加怒火中烧。他们挥舞着拳头，嚎叫怒吼，有一两个家伙看上去甚至要冲破人群对我进行猛烈攻击。一个女人吐了口唾沫，骂我是个卑鄙无耻的杂种。而我只是站在那里，点着头，挥着手，像上了发条一样，脸上挂着凝固的可怕微笑。那时，我才第一次意识到，我杀的人是他们当中的一员。当我在法庭里面时，外面正在下雨，现在太阳又出来了，我记得湿漉漉的马路泛出炫目的阳光，屋顶上一朵云正在悄悄地消散，一条狗眼神忧虑地躲避着愤怒的人群。你也看到了，我关注的永远是这些无关紧要的小细节。随后，一条毯子将我严严实实裹了起来，我被推进了警车，引擎嘶嘶作响，警车发出驴子似的叫嚣声飞速驶离了法庭。在羊毛毯闷热的黑暗中，我终于好好地大哭了一场。

监狱。监狱这个地方，我已经描述过了。

第一个来探监的人出乎我的意料，让我大吃一惊。当他们告诉我来的是个女人时，我以为是达芙妮，直接从机场赶了过来，或者是我的母亲。我走进房间的一刹那，甚至没有认出她来。她穿着样式怪异的套衫，格子呢衬衫和结实的鞋子，比以往任何时候都显得年轻。她的脸上长着雀斑，神色幼稚黯淡，仿佛班级里那种笨蛋，夜里在宿舍里放声哭泣，对马儿却异常痴狂。只有她那无与伦比、火焰般火红的头发，让她看上去还像个女人的样子。珍妮！我叫她，她的脸刷地红了。我拉住她的手，紧紧包裹在我手中，看到她，我感到异常荒谬的高兴。我不知道，很快，她就成了篡夺我遗产的人。事实上，我叫乔安妮，她咕哝着，咬着唇瓣。我尴尬地笑了起来。当然，你的名字是乔安妮，我说道，原谅我。我现在感到很困惑很迷惘。我们坐了下来，我不停地说啊说啊，无忧无虑，轻松自在，甚至有那么点轻佻浮夸，似乎我才是那个探监的人，家族里的老单身汉，学校开学的那天来探望这只可怜的丑小鸭。她从库格朗吉把我的包带了过来，在我看来，它现在非常奇怪，如此熟悉却又如此陌生，从我上次看到它起，仿佛它一直经历着某种伟大的变形，在被送往另一个星球，另一个银河系的途中。我问起母亲的情况，很有技巧地没问起她为何没来。告诉她，我感到非常抱歉，我说道。这听上去非常滑稽可笑，仿佛我正在为爽约而道歉，我们暗暗躲避着彼此的眼神，尴尬地沉默了很长时间。我在这里已经有了个绰号，我告诉她，他们叫我蒙提[1]。她微笑起来，我感到很愉快。她笑的时候，总是那样咬着嘴唇，看上去更像个孩子。我无法相信她会是个阴谋家。当宣读遗嘱的时候，我想她和我一样感到惊讶，我很难想象她会是库格朗吉的女主人。也许那就是我母亲的目的——她死后，接替她的人是另一个讨厌鬼。这种可耻、拙劣的想法和我现在的严肃认真一点都不相配。我没有因为母亲剥夺了我的继承权而憎恨她，我想她正以她的方式对我进行着某种教育，让我看上去和事物的关系更为紧密，或者说，让我更多地关注人们，例如眼前这个可怜、笨拙的女孩，一脸雀斑，眼神羞怯，几乎看不见眉毛。我清楚地记得达芙妮含泪对我说的那句话，这句话像荆棘一样深深刺在我的脑海中，犹如就发生在昨天，她说道：你对我们一无所知，一无所知！当然，她是对的。她在谈论美国，她自己，安娜·贝伦斯，还有其他诸如此类的东西，但从整体上来看，她是对的——我一无所知。然而，我正在努力，我仔细观察，努力聆听，用心思考，偶尔能窥见崭新世界的一角，但是我意识到，这个崭新的世界一直就在那里，无须我的任何发现。在这些探索追寻的过程中，我的朋

[1] 蒙提：必定的事物，犹指赛马时必赢的马。

友比利无疑是个宝贵的向导。我以前没有提到过他，是不是？早些时候，他一直纠缠我，甩都甩不掉，我想他有点爱上了我。比利十九岁，坚实的肌肉，橄榄色的头发，一双杀手般匀称美观的手，就像我的手一样。对我们的审讯被安排在同一天进行，他认为这其中带着幸运的预兆。他被指控涉嫌谋杀和连环强奸。他坚持自己是清白的，但却无法掩饰嘴边一抹心虚的微笑。我相信私底下他对自己的所作所为感到异常自豪，只是他身上依然闪现出某种意义上的无辜和清白，仿佛他的身体里面存在着某种细小却珍贵的部分，这微不足道的部分不曾被玷污和糟蹋。每当我想到比利时，我几乎要相信起灵魂的真实存在性。从童年开始，他就一直断断续续地被拘留，是监狱中的知识宝库，是他告诉我监狱中层出不穷走私毒品的诡计花招。例如，在玻璃屏风还没有竖立前，罪犯的妻子或者女朋友们经常把装了海洛因的小塑料袋含在嘴里，随后通过缠绵的热吻，传递到犯人嘴里，吞到肚子里，随后在厕所里呕吐出来。我被这个想法吸引住了，它深深地震撼了我。如此迫切的需求，如此高涨的热情，如此善举如此胆量——我从来不知道世上还会有这种事情！

我到底在说什么，我的想法正变得越来越暧昧含糊，这里所有人都是如此。这是一种防卫姿态，这种缓慢笨拙的心不在焉，这种迟钝和懒散，让我们能够在任何地方任何时刻突然抽身，随之陷入某种短暂麻木的静止休眠状态。

乔安妮。她来看我，带来了我的包。我很高兴能够重新拥有它。监狱管理人员几乎没收了里面所有的东西，只剩下几件衬衫，一块肥皂———一闻到它的香气，我就像被狠狠揍了一拳———一双鞋子，还有我的几本书。我将这些东西，这些圣物，紧紧抱在胸前，缅怀我死去的过去。

但是，缅怀，那种形式的缅怀在这里是十分危险的，它会逐渐侵蚀人的意志，那些给这种情绪让路的人渐渐变得无助和彷徨，笼罩在无尽的昏昏欲睡了无生气中，就像那些哀悼者，对他们来说这种哀悼无穷无尽永远不会结束。我意识到了这种危险，下定决心一定要躲开这种危险。我可以工作，可以学习，所有可以投身的项目都在那里，都是现成的。我让达芙妮给我带了一本厚厚的关于荷兰绘画的书，不是关于绘画的历史，而是关于绘画的技法，关于那些大师的秘密。我仔细研读了无数佛兰德斯[1]地区关于颜料的调配，油料和染料贸易，还有亚麻织品行业的种种作业方式。同时，我阅读画家和他们资助者的生平。我变成了通晓十七世纪荷兰共和国历史的业余专家。但是最后，这一切都显得徒劳无益：所有这些学习，这些信息仅仅是被增强了，增多了，但同时也僵化了，就像沉船残骸外包裹着形成硬壳的珊瑚。单纯的事实怎么能和我在那时爆发出的惊人知识火花相提并论？那时，我将那幅画扔进壕沟里，站在那里，目睹它依附住壕沟的一角。那一刻迸发出的所有知识，所有认识，几乎让我无法承受。我打量着那幅画的复制品，它就挂在我头顶的墙上。但是，画中有什么东西已经死了。已经死了。

我怀着同样高亢的情绪在监狱的图书馆中阅读报纸，一读就是几个小时。关于我这起案子的每个词语我都一读再读，在口中细细咀嚼，直到它们变得索然无味。我了解到乔茜·贝尔的童年时代，求学时代——非常可惜它们都很短——她的家庭和她的朋友。邻居们对她赞誉有加。她是个安静的女孩子，差点就可以步入婚姻的殿堂，只是最后出了岔子，她的未婚夫去了伦敦后就再也没有回来。刚开始，她在家乡的村子里当一名店员，然后，在去白水之前，她去了都柏林，在那里呆了一段时间，在南方之星旅馆里当服务员。南方之星！——上帝啊，当我在查理家时，我差点就去了那里，差点就在那里开了间房，或许就睡在了她当初铺过的床上！我嘲笑自己。如果我去了，我还会获悉些什么呢？对我来说，那里关于她的信息并不会比报纸上报道的多，并不会比我第一次转身看到她时的多，那时她就站在敞开的落地窗前，身后是蓝色和金色交织的夏日晴空，也不会比她蜷缩在车子里，我一次次捶打她，她的鲜血溅洒到了车窗上的时候多。我觉得，这是最恶劣最本质的罪行，这种罪行丝毫没有原谅宽恕的余地：我从未将她的存在生动鲜明化，我从未充分意

---

[1] 佛兰德斯：中世纪欧洲一伯爵领地，包括现比利时的东佛兰德省以及法国北部部分地区。

识到她的真实存在性，从未想过她也是活生生有血有肉的人类。是的，这种想象的失败是我最致命的罪行，这种想象是他人得以存在的可能性。我告诉警察的都是真的——我杀了她是因为我能够杀她，我能够杀她是因为对我来说，她根本不算活人，而我现在的任务就是让她起死回生。我不知道这是什么意思，但这个念头却带着不可阻止必须履行的强制力突然窜进了我的脑中。我怎样才能实现它呢，这种宛如分娩的壮举？难道我必须从头开始对她进行一番想象，从幼年开始？我感到困惑了，没有一丝恐惧，心中却有什么东西在慢慢升腾，我感到异样的兴奋，似乎我重新获得了生活的重量和质感。感到欢呼雀跃同时又感到惊人的庄重严肃。我身上孕育着巨大的可能性。我是为两个人活着。

　　我已经做出决定：不能再犹豫不决了。我要在第一次审理过程中就承认犯有杀人罪。我想这才是我应该做的。当我将决定告诉达芙妮时，她立刻号啕大哭起来。我感到非常惊讶，惊讶又震撼。我怎么办，她哭喊着，孩子怎么办？我尽我所能用最温和的声音告诉她，我觉得自己毁了他们的生活，现在我所能做的就是远远地离开他们——永远，甚至——这样她才能开始她的新生活。但是，这听上去远远不够老练圆滑。她只是坐在玻璃屏风对面，不停地哭泣，手里拽着湿透的手帕，肩膀不停地颤动。这时，所有的愤怒和屈辱统统在我心中爆发出来，在她的哭泣中我甚至不能描述半分。她变回了多年前的那个她。我做了什么，没做什么。我几乎不知道，几乎不了解。我坐在那里，凝视着她，瞠目结舌，无言以对。长久以来我就一直误会了她，这怎么可能呢？沉默寡言的背后，她竟蕴藏着如此强烈的情感和痛苦，我怎么会没有看出来呢？我回想起，在我被捕的前一个礼拜，我在城市的夜里独自徘徊，某个深夜我经过一个酒吧。它在史东尼百特[1]那里，我不确定，或许是其他类似的地方，一个工薪阶层的酒吧，窗户上覆盖着防护钢丝网，门口残留

---

[1] 史东尼百特(Stoney Batter)：爱尔兰都柏林的地区。

着往昔的呕吐痕迹。当我经过酒吧时，一个醉鬼正从里面蹒跚而出，在门砰然关上的一刹那，我往里面瞥了一眼。未作停留，我依然往前走，脑中回味着刚才瞥见的情景。正如史堤[1]画中描绘的场景：烟雾缭绕的灯光，拥挤的红脸醉汉，倚靠吧台的老男孩，胖女人在歌唱，露出满口坏牙。一种缓慢的惊愕向我袭来，这是一种混合着迷惑和忧伤的情绪，我断然觉得自己被排除在那个简单、丑陋、喧哗的世界外。这也是我迄今为止的生活方式，走过敞开着的嘈杂的窗户，一路往前，走入无尽的黑暗——当然，还是有某些时刻觉得自己还未完全迷失。举个例子来说，那天在通往另一个还押听证会的途中，我和另一个老酒鬼共乘一辆警车，这个酒鬼前一天晚上刚被逮捕，罪名是，据他说，罪名是他杀害了他的朋友。我无法想象他这样一个人还会有朋友，更别说杀了他的朋友。在一路颠簸的过程中，他详尽地把一切都告诉了我，虽然大部分都是含糊不清的胡言乱语。他的一双眼睛泛着血丝，嘴巴上有处巨大流脓的溃疡。透过木栅栏窗户，我注视着警车驶过的城市街道，尽可能忽视他的存在。突然，车子一个急转，他从座位上摔了下来，摔到了我的身上，我发现自己将这个老畜牲抱在了怀中。当然，他口中的气味让人窒息，他身上穿的破布有种滑溜的触感，我咬紧了牙关，但是我仍然抱着他，不让他掉到地上，我甚至——我肯定没有添油加醋——我觉得自己甚至有片刻时间将他紧搂在了怀里，用一种，我也不知道，用一种类似于同情、友爱、团结的姿势。是的，我就是一个探索者，站在一艘正在下沉的船的船首，隐约瞥见一片新大陆。不要误会，我从未幻想过这种插曲，对新大陆如此这般的冒险，会让我的罪行减少一分一毫。但是，也许它具有某种预知未来的象征意义。

我应该销毁上面最后一段吗？算了，有什么关系呢，就留着它吧。

达芙妮给我带来了范画的一幅画。我将它挂在了墙上。这是我的一

---

[1] 史堤（Jan Steen, 1626–1679）：名扬世界的荷兰黄金时期画家，他创作的以描绘酒馆狂欢情景为主题的《面包师夫妇》成功记录了十七世纪日常生活的点点滴滴。由于史堤本身的生活非常糟糕，生平只能靠作画以求温饱，所以又有一句荷兰名言：It's a household of Jan Steen，意思是杯盘狼藉，也就是说，屋子内毫无洁净可言。

幅肖像画，达芙妮告诉我。画中的我有只巨大的棍子似的大脚，香肠似的手指，还有一只异常平静的大眼睛。和我真的很像，真的，每当我想起它时，就会有这种感觉。达芙妮还带来了一条令人惊奇的消息：乔安妮邀请她和孩子回库格朗吉居住。她们就要生活在同一屋檐下了，我的妻子和马厩女孩。（事情的发展如此离奇玄妙，结局还真像那么回事！）我没有不高兴，这让我感到很惊讶。现在看来，当我从这里出去以后，也将生活在那里。噢，我已经能想象得出自己的样子，穿着惠灵顿鞋，戴着帽子，在外面的马厩中整理肥料。然而我一句话也没说。可怜的达芙妮，只要——哦，是的，只要……就好。

当我将决定告诉麦尔瑟其莱恩时，他也吓了一跳。不要担心，我说，我会服罪，但我不要任何妥协让步。他无法理解，我也没有精力多做解释。这是我要做的一切，也是我必须要做的。太阳神阿波罗的船已经向代诺斯岛[1]驶去，船尾是月桂树做成的王冠，而我必须完成我的使命。顺便问一下，麦克，我说道，我还欠查理一个盘子。他没听懂这个笑话，但还是微笑了。你知道，她没有死，当我离开她时，我又说道，我没有亲手杀死她的勇气，我像对待一条狗那样对待她。（这是实话——我要坦白的怎么就没完没了？）他点了点头，不让自己流露出厌恶的神情，或者他要掩饰的仅仅只是震惊。勇敢的人，他说道，他们不会轻易死去。然后，他将所有文件整理完毕，转过身，准备离去。我们握了握手。此情此景看上去的确需要那么点小小的形式主义。

噢，对了，还有阴谋：它几乎要被我遗忘了。查理·弗兰切低价买进我母亲的画，然后高价卖给宾基·贝伦斯，然后又从宾基手中低价买进，高价卖给马克斯·摩利诺。就是这么点勾当。这重要吗？暗中交易。暗中交易。够了。

---

[1] 代诺斯岛（Delos）：希腊最重要的考古学遗迹之一，风景优美，景色宜人。传说中它是太阳神阿波罗的岛。

时光流逝。我吞噬着时间。我幻想自己变成了一种幼虫，平静淡然有条不紊地吞噬着未来，外面世界所谓的未来。我必须得十分小心，不让自己陷入绝望，意志力的沦丧从来就是对每件我企图完成事业的威胁。我长时间地注视着那个深渊，有时候，我甚至觉得是它在那里打量我。我的日子过得有好有坏。我想到体内的那些魔鬼，是它们让我背上了杀人的罪名，这些刽子手，肮脏的小畜牲，以折磨他人为乐，他们就站在旁边，目睹事情一步步发生，然而我又寻思，半途而废的结果真的会比现在这种结果好吗？我现在就停下一切，会不会更理想呢？但是，我有我的任务，我的使命。今天，在车间里，我又闻到了她的气味，那种淡淡的刺鼻的金属气味，绝对不会弄错的气味。这是金属抛光剂的味道——她那天肯定在擦拭银具。当我认出这种气味时，我感到异常高兴！一切皆有可能。甚至某天早上醒来，我也许就能看见一个孩子，一个女孩子，从黑暗的房间走向前来，走进那扇门框，这扇门框现在总是停留在我的脑海深处，我能一眼就认出这个女孩子，没有片刻犹豫。

　　春天到了。我们在这儿也能感受到她的气息，空气中万物复苏的气息。从我牢房的窗户望出去，还能看到一些植物。我喜欢注视它们，看着它们贪婪地汲取阳光。审判定在下个月，又会速战速决。所有报纸媒体必然会失望透顶。我曾想过设法出版我的这部证词。还是算了。我已经让哈斯雷特督察将这份证词放在我的档案里，和其他那些官方胡编乱造的证词放在一起。他今天来牢房看我了。他拿起这些纸张，举在手里。这将是我的辩护词，我告诉他。他扫了我一眼，问道，你将自己是个科学家的事情也放进去了，还有你认识贝伦斯家的那个女人，欠债不还等等，你把这些都写进去了？我微笑起来。这是我的故事，我说道，我坚持这么写。他大笑起来。好吧，弗雷迪，他又问道，这当中有多少真材实料？这是他第一次直呼我的名字。真材实料？督察先生，我回答，一切都是真的。一切都是假的。只有耻辱。

一个自恋者的精神独白

在翻译《证词》的时候，我总是情不自禁想到弗拉基米尔·纳博科夫的《洛丽塔》，尽管它们有着不同的架构、风格和叙事方法。后来看到《观察报》的评论，才知道这么想的人不止我一个。这两部作品的相似之处，在于它们都是精神有问题的罪犯在牢中的内心独白。在这里面往事变成了追忆，而且确实也已经枉然，成了一种注定的伤感。

全书的架构主要分为六个部分：引子、大学时代生活回忆、探母之行、犯罪、逃亡和监狱。这六个部分并非完全按照时间顺序叙述，而是以意识流的方式相互渗透，但又有一定的有序性。如同人的思考，一般按照逻辑顺序进行，但冷不丁开个小差，走个岔路。但这岔路却不是无用的部分，而是对内容的一种填充，使得整个结构混乱中透着有序，编织成了一个大网。而在网中挣扎的，正是男主角弗雷迪·蒙哥马利。

如果按照时间顺序记述，故事并不复杂。弗雷迪曾是一个科学家，但出于贪念，他敲诈勒索了小混混伦道夫。但由于伦道夫问黑帮借了钱却又无力还债，阴差阳错地导致弗雷迪被黑帮讨债。为了筹钱弗雷迪踏上了故土，求助于他的母亲。但是与儿子关系紧张的母亲已在遗嘱中把自己的财产给了忠心的女仆乔安妮。弗雷迪愤而离去，无奈和冥冥之中的一种力量使得他对大学女友安娜家中的一幅画动了偷窃之心。不料偷画的行为被安娜家中的女仆约瑟芬看到，于是情急之下弗雷迪劫持了约瑟芬并杀死了她，经过几天逃亡后终被警察抓获。抛开结构的交错，这个情节并无多少新颖之处。但本书的精彩之处并不在于情节，而在于情节的叙述方式。

与《洛丽塔》中的亨伯特相同，弗雷迪也是有心理问题的，这也是造成他的悲剧的主要原因。不同之处在于亨伯特是恋童，而弗雷迪则是自恋。按照精神分析的说法，自恋者的原欲无从释放，而只能附着在自我上面。这一点在书中多处得到了印证。弗雷迪对于身边的人，无论是妻子、母亲还是记忆中的父亲，都带着一种类似于旁观者的冷酷审视，而他自己却陷入到自我的感触中不能自拔。其实他除了自己，谁都不爱。他杀死了女仆约瑟芬，自己给出的理由是：我杀死她是因为我能够杀死她。这荒唐的借口不可能是杀人的真正动机，真正的原因在于他偷画时被发现的愤怒，以及其后约瑟芬的反抗。而这借口仅仅体现出了弗雷迪作为一个自恋者思维的混乱。

整部作品正是以这样一种混乱的语气叙述，仿佛一个沉浸在梦中的人的梦呓。作品的氛围和各种元素也跟梦非常相似。恍惚的回忆、荒诞的思想、难以理解的行为、朦胧而又颓废的意境，使得真实和错觉交织在一起，像极了一个噩梦。可怕的是，这个噩梦是真的。这正是一个自恋心理症患者的精神世界。

约翰·班维尔驾驭此类题材的能力令人惊叹，主人公的行为和心理过程均被刻画得入木三分，不愧为大师手笔。这样的作品正如秋日午后的阳光，实在给人一种奇妙的享受。他也的确无愧于一位"语言大师"，用词精确描写细腻，给人一种活灵活现的现场感。翻译过程中幸得谷涛等热心友人鼎力相助，在此深表谢意。拙译有所不足，期盼方家指正。

（京权）图字：01-2007-4675
图书在版编目（CIP）数据

证词／（爱尔兰）班维尔著；陆剑译，—北京：作家出版社，2008.11
ISBN 978-7-5063-4147-9

Ⅰ.证… Ⅱ.①班…②陆… Ⅲ.长篇小说-爱尔兰-现代 Ⅳ.I562.45

中国版本图书馆CIP数据核字（2007）第160885号

The Publisher acknowledges the financial assistance of Ireland
Literature Exchange (Translation Fund), Dublin, Ireland
出版社诚挚感谢爱尔兰文学交流会〝翻译基金〞所给予的翻译资助
网址：www.irelandliterature.com 信箱：info@irelandliterature.com

THE BOOK OF EVIDENCE by JOHN BANVILLE
Copyright © 1989 by JOHN BANVILLE
This edition arranged with GILLON AITKEN ASSOCIATES through
BIG APPLE TUTTLE-MORI AGENCY, LABUAN, MALAYSIA.
Simplified Chinese edition copyright: 2007 BERTELSMANN ASIA
PUBLISHING. All rights reserved.

证词

作者：（爱尔兰）约翰·班维尔
译者：陆剑
策划：赵平　丹飞
责任编辑：启天
装帧设计：视觉共振设计工作室
出版发行：作家出版社
社址：北京农展馆南里10号　　　**邮码：**100125
电话传真：86-10-65930756（出版发行部）
　　　　　　86-10-65004079（总编室）
　　　　　　86-10-65015116（邮购部）
E-mail: zuojia@zuojia.net.cn
http://www.zuojia.net.cn
印刷：北京京北印刷有限公司
成品尺寸：152×230　　**字数：**150千　　**印张：**12
版次：2008 年 11 月第 1 版
印次：2008 年 11 月第 1 次印刷
ISBN 978-7-5063-4147-9
定价：20.00元